Einleitung

Ist es nicht bewundernswert, wie schnell kleine Kinder sprechen lernen? Innerhalb der ersten sechs Lebensjahre lernen sie ihre Muttersprache, viele sogar zwei oder drei Sprachen. Allerdings gelingt das manchen Kindern schneller und manchen langsamer. Denn die Sprache ist ein hochkomplexes Gefüge und der Spracherwerb eine sehr störanfällige Angelegenheit. Kein Wunder, dass einige Kinder Probleme damit haben.

Werden diese Probleme früh erkannt, können Eltern gute Hilfe anbieten, eventuell durch Fachpersonen unterstützt (wie Sprachtherapeut/in, Logopäde/in, Ergotherapeut/in, Krankengymnast/in, Psychotherapeut/in, Hals-Nasen-Ohren-, Kinderarzt/ärztin usw.). In der Regel lernen die Kinder, die anfangs Sprachprobleme hatten, bis zum Schuleintritt dann auch richtig sprechen. Wobei selbstverständlich nicht jedes Kind gleich sprachbegabt ist und deshalb die einen besser sprechen, die anderen vielleicht besser im Rechnen oder im Sport sind.

Für Eltern ist es allerdings nicht leicht zu erkennen, ob ihr Kind gezielte Hilfe braucht. Wie auch, da Eltern Eltern sind und keine Sprachexperten. Erschwert wird diese Einschätzung auch dadurch, dass Kinder entwicklungsbedingt eine ganze Reihe von Sprachfehlern machen. Wenn z. B. ein dreijähriges Kind das k mit dem t vertauscht, ist das überhaupt nicht besorgniserregend, sondern ganz normal. Es ist nämlich schwer für ein Kleinkind, die Zunge richtig zu legen: Das k und das t sind vom Luftstrom her gleich, aber beim t liegt die Zunge oben am Gaumen und beim k unten. Es braucht einige Übung und ein Training des Zungenmuskels, bis einem Kind das gelingt.

Vertauscht ein fünfjähriges Kind jedoch noch t und k, oder kann es kein k sprechen, ist eine kleine Hilfe sinnvoll, damit das Kind die Laute richtig artikulieren lernt.

Zu viel Besorgnis der Eltern und zu häufiges Verbessern beim Sprechen schaden einem Kind genauso wie zu wenig oder zu späte Hilfe. Spätestens in der Schule bekommt es dann Probleme, da die Sprachbeherrschung eine ganz besondere Schlüsselqualifikation ist.

Neuere Statistiken kommen zu dem erschreckenden Ergebnis, dass bis zu einem Drittel der Einschulungskinder in Deutschland Sprachprobleme (und Bewegungsdefizite) haben. In Sprachheilschulen steigen die Schülerzahlen deutlich an. Fallen Sprachprobleme jedoch erst bei der Einschulung auf, bleibt kaum Zeit, dem Kind hinreichend zu helfen. Je früher Sprachprobleme entdeckt und angegangen werden, desto größer sind die Erfolgschancen.

Mein Buch möchte Verständnis für die große Leistung der Kinder beim Lernen der Muttersprache und für die vielen Fehler und Probleme, die dabei auftreten können, wecken. Und es möchte Eltern dazu einladen, die Fülle an Einflussmöglichkeiten, die sie auf die Sprachentwicklung ihrer Kinder haben, zu nutzen.

Dazu bietet das Buch zum einen einige Informationen über die Sprachentwicklung bei Kindern sowie die möglichen Sprachprobleme und -störungen an, und zum anderen stellt es konkrete Anregungen und Beispiele vor, wie man zu Hause spielerisch und kindgerecht Unterstützung bei Sprachproblemen geben kann.

Ich danke allen ganz herzlich, die mich unterstützt haben, dieses Buch zu schreiben.

Sprache ist ein wichtiger Schlüssel zur Welt

Die Sprache der Menschen ist eine ganz besondere Fähigkeit und eine ganz besondere Möglichkeit, in der Welt zurechtzukommen. Sprachbeherrschung ist eine grundlegende Schlüsselqualifikation des Menschen.

Spätestens wenn ein Kind im Kindergarten oder in der Schule sehr fehlerhaft oder fast gar nicht spricht, dann fällt uns auf, wie wichtig die Sprache ist. Das Kind bekommt Probleme mit anderen Kindern, und es hat Schwierigkeiten, dem Unterrichtsverlauf zu folgen, auch im Sport- und Mathematikunterricht. Oft reagieren Kinder mit Sprachschwierigkeiten dann aggressiv oder aber depressiv, sie ziehen sich in sich selbst zurück. Dadurch geraten sie zusätzlich in eine Außenseiterposition. Wer in unserer Gesellschaft nicht sprechen kann, ist in einer benachteiligten Situation. Denn Schwierigkeiten in der Sprachbeherrschung wirken sich auf die Beziehungen zu anderen Menschen aus, schränken die Entwicklung der emotional-sozialen Fähigkeiten ein, behindern den Lernerfolg, lassen wichtige Informationen unverständlich sowie spannende Fantasie- und Erlebniswelten verschlossen und beschränken die Möglichkeiten, das familiäre und gesellschaftliche Leben aktiv mitzugestalten.

Lernt ein Kind hingegen die Sprache, so eröffnen sich ihm die unterschiedlichsten Bereiche der Welt:

- Indem ein Kind die Dinge, Personen, Eigenschaften und Ereignisse in seiner Umgebung benennen und einordnen lernt, kann es sie auch differenzierter wahrnehmen, behalten und wiedererkennen. Ein Kind, das z. B. viele Baumarten benennen kann, erkennt beim Spaziergang im Wald auch viele Bäume, während ein Kind, dessen Wortschatz viel geringer ist, die verschiedenen Bäume weniger differenziert wahrnimmt. Und ein Kind, das das Wort »heiß« versteht, muss nicht jedes Mal aufs Neue mit der Hand erkunden, wie sich »heiß« anfühlt.
- Neben den sachlichen Informationen werden dem Kind durch die Sprache auch fantasievolle Erlebnisse zugänglich, z. B. in Märchen und Geschichten. Hier werden ihm bildhaft und anschaulich Erlebnisse und Gefühle anderer Menschen nähergebracht, die Gefahren überwinden und Probleme lösen – darüber lernt ein Kind neue Verhaltensweisen und seine Erfahrungswelt erweitert sich.
- Über die Sprache tritt ein Kind in Beziehung mit seiner Umwelt und anderen Menschen. Bereits nach der Geburt spricht die Mutter mit zärtlichen Worten zu ihrem Baby, und schon bald wird es mit seinem Lächeln, Lallen und ersten Lauten darauf antworten.
- Ferner lernt ein Kind mit Hilfe der Sprache sich in andere hineinzuversetzen (»Wenn Tim die Lena haut, tut es ihr doch weh, dann weint sie!«). Und es kann auch nachfragen, ob das, was es über andere denkt, auch stimmt. (»Ist die Mama wirklich böse auf mich, oder hat sie wegen etwas anderem schlechte Laune?«)
- Neben dem Verständnis für andere kann ein Kind mit Hilfe der Sprache auch seine Gefühle, Wünsche, Bedürfnisse, sein Handeln und dessen Auswirkungen erkennen, benennen, mitteilen und verarbeiten. Ein kleines

Kind erlebt eine Menge unterschiedlichster Gefühle, über die es sich durch Sprache bewusst werden kann (»Du bist wohl jetzt sehr traurig, weil die Oma doch nicht kommt?«). Die Sprache hilft dem Kind, den Zusammenhang zwischen Gefühlsursachen und eigenen Gefühlen zu verstehen und diese wiederum auch anderen mitzuteilen. Durch die Sprachfähigkeit wird also die Entwicklung der Emotionalität des Kindes gefördert. Gerade die Verarbeitung und Beherrschung der eigenen Gefühle ist ein wichtiger Schritt in der gesamten Persönlichkeitsentwicklung.

- Mit Sprache kann ein Kind Konflikte ohne körperliche Gewalt lösen, es kann über den Streit verhandeln (»Ich war aber zuerst da!«).
- Sprache kann jedoch auch Macht ausüben und verletzend sein. Versteht ein Kind diese negative Seite der Sprache, kann es sich besser gegen sprachliche Gewalt schützen (»Hau ab, du Versager!« sollte ein Kind richtig verstehen und entsprechend darauf antworten können: »Ich bin kein Versager, hör auf, so etwas Verletzendes zu sagen.«).
- Sprache vermittelt Werte und Normen (»Das ist gut, und das ist böse, das ist erlaubt und das nicht« etc.).
- Sprache ermöglicht das Denken, und so kann ein Kind neue Ideen produzieren und Lösungen für Probleme finden. Wenn ein Kindergartenkind z. B. das Wort »Geburtstagsfeier« hört, fallen ihm (wie auch uns) sofort viele Einzelheiten ein, die es wiederum zu neuen Ideen anregen. Über die Sprache lässt sich also die nächste Geburtstagsfeier planen. Ebenso lässt sich mit Kindergartenkindern bereits über manches Weltproblem diskutieren. Ein fünfjähriges Mädchen äußerte einmal zu dem Thema, dass in Nicaragua so viele Kinder auf der

Straße leben und kein Zuhause haben, folgende Idee: »Wir haben hier doch alle ein großes Haus. Dann holen wir die Kinder eben zu uns nach Hause.«

- Und schließlich ermöglicht Sprache dem Kind, seinen eigenen Standpunkt zu finden und auch anderen seine Meinung mitzuteilen. Zum Erwachsenwerden gehört es, dass Kinder und Jugendliche lernen, ihre eigenen Entscheidungen zu fällen, und dazu wiederum muss der Heranwachsende sich eigene Meinungen bilden. Denn wenn ich etwas will, sollte ich wissen, warum ich es will.

Sprache bedeutet mehr als sprechen können

Sprache ist eine tolle menschliche »Erfindung«, und sie zu lernen ist eine Höchstleistung, zu der der menschliche Körper und speziell das Gehirn fähig sind.

Wenn wir also über den Spracherwerb von Kindern nachdenken, sollten wir uns im Klaren darüber sein, wie vielfältig Sprache ist und dass eine Fülle von Faktoren bei ihrem Erwerb und ihrer Beherrschung eine Rolle spielen. Sprache lernen heißt nicht nur sprechen lernen.

Zum einen gibt es die Sprache als »Erfindung« bzw. als »Konstruktion« mit ihren Buchstaben und ihrem Regelwerk. Zum anderen ist Sprache eine besondere Fähigkeit des Menschen, die auch besondere Voraussetzungen erfordert. Die Fähigkeit, Sprache zu lernen, bringt ein Kind zunächst nur als Möglichkeit (Potenzial) mit, die sich im Laufe einiger Jahre entfaltet. Dies geschieht in den ersten sechs Lebensjahren, indem es körperlich-geistig reift und sich entwickelt. Damit dies gelingt, muss ein Kind aus seiner Umgebung vielfältigste Anregungen und Reize erhalten.

Die ***»Erfindung« Sprache*** setzt sich aus vielen Teilen zusammen, die wir in folgende große Bereiche untergliedern können:

1. Aussprache (gesprochene Sprache)
2. Wortschatz
3. Sprachverständnis
4. Grammatik
5. Schriftsprache (schreiben und lesen)
6. Soziale Regeln, die besagen, was angemessen bzw. richtig ist im Umgang mit anderen (wie z. B. im Deutschen das »Sie«)

Doch das ist immer noch nicht alles: Die gesprochene Sprache wird immer von Tonfall und Körpersprache begleitet: Wir sprechen nicht immer im gleichen Tonfall, und mal erheben wir beim Sprechen die Hand, verziehen das Gesicht usw. Darauf reagieren unsere Gesprächspartner. Denn die Sprache ist interpretierbar. Sage ich in freundlichem Ton und lächelnd »komm mal her«, versteht ein Kind meine Aufforderung als nett und kommt gerne. Sage ich das Gleiche jedoch in strengem, lautem Ton und schaue dabei verärgert, wird das Kind nur zögernd kommen, weil es Angst hat, ich werde mit ihm schimpfen. Auch das gehört zum Spracherwerb: die verschiedenen Färbungen im Tonfall, die unterschiedliche Körpersprache verstehen und benutzen zu lernen.

Damit ein Kind die Sprache lernen kann, muss erst der kindliche Körper reifen und muss sich sein Wille entwickeln.

Um Sprache zu lernen, müssen u. a. folgende ***Voraussetzungen*** gegeben sein:

1. Körperliche Voraussetzungen:
   - Um Sprachlaute zu hören und zu erzeugen, müssen die Sprechwerkzeuge und Sinne sich entfalten und ausreifen (Gehör, Zunge, Lippen, Gesichtsmuskeln, Kehlkopf und Atemorgane). Ein Säugling kann noch gleichzeitig essen und atmen. Erst etwa im zehnten Lebensmonat senkt sich der Kehlkopf so weit ab, dass an den Stimmbändern die Grundströmungen des Luftstroms erzeugt werden können. Von da an muss das Kind zeitlich versetzt essen und atmen. Bei kleinen Kindern ist der Kehlkopf allerdings noch klein und nicht sehr belastbar. Zusätzlich ist ihre Stimmlage höher, was jedoch anstrengender ist.
   - Um den Luftstrom kräftig auszuatmen, muss die Lunge groß genug sein. Kleine Kinder haben eine viel kleinere Lunge als Erwachsene und müssen noch häufiger einatmen. Beim Sprechen brauchen sie jedoch den Luftstrom des Ausatmens.
   - Um die vielen hundert Muskeln, die man zum Sprechen braucht, richtig zu koordinieren, müssen die Muskeln trainiert sein. Die Bewegungen von Kleinkindern sind noch zufällig und unkoordiniert – erst etwa am Ende des ersten Lebensjahres kann ein Kind seine Zunge gezielter bewegen.
   - Um Schreibbewegungen zu machen, muss ein Kind seinen Blick und seine Handbewegungen miteinander koordinieren. Erst mit etwa acht Monaten lernt ein Kind, gezielter mit seiner Hand (noch mit der ganzen Hand, erst später mit den einzelnen Fingern) zu greifen, und dann folgen die Augen auch mehr und mehr seinen Handbewegungen.
   - Um Sprache zu lernen und zu verstehen, muss ferner das Gehirn herangereift und eine stabilere »Gehirn-

architektur« vorhanden sein, d. h., es müssen entsprechende Schaltstellen im Gehirn entwickelt sein. Bei der Geburt verfügt ein Kind zwar schon über alle notwendigen Nervenverbindungen, sie müssen jedoch über viele Erfahrungen und Erlebnisse miteinander verschaltet werden, damit ein Kind sprechen, lesen und schreiben lernen kann.

2. Sprachbeherrschung erfordert ferner gewisse persönliche Voraussetzungen wie z. B. Geduld, Konzentration, das Interesse daran, anderen etwas mitzuteilen, usw.:
   - Ein Kind muss verstehen und aushalten, dass die Erwachsenensprache anders klingt als das, was es selbst zu produzieren vermag. Kinder müssen sich ja an den flüssig und schnell sprechenden Erwachsenen orientieren, bei denen die Sprechorgane und -muskeln bereits voll ausgebildet sind.
   - Hinzu kommen Lernfreude und Lernbereitschaft, die ein Kind für den Spracherwerb aufbringen muss,
   - sowie genügend Bewegungsfreude und Aktivität. Erst durch eigene Aktivität, durch eigenes Handeln und Ausprobieren lernt ein Kind sprechen.

Damit diese Voraussetzungen sich beim Kind entwickeln, bedarf es wiederum einer ganzen Reihe unterschiedlicher ***Anregungen und Reize aus der Umgebung***: Dazu gehört beispielsweise das positive und eindeutige Verhalten einer liebevollen Bezugsperson, die auf die kindlichen Bedürfnisse »antwortet«. Ferner muss ein Kind in seinem Alltag viel Sprache erleben.

Die Familie nimmt großen Einfluss auf die Sprachentwicklung und die gesamte Entwicklung des Kindes. Denn in den ersten Lebensjahren stellt das Elternhaus den wichtigsten Lebensraum für ein Kind dar.

Da die Sprache hochkomplex und anspruchsvoll ist, verwundert es nicht, dass ca. 75 bis 80 Prozent aller Kinder eine gewisse Zeit unflüssig und fehlerhaft sprechen[1] und Sprachprobleme haben.

Entwicklungsbedingte und besorgniserregende Sprachfehler

Viele dieser Sprachprobleme beschränken sich auf einen der oben genannten sechs Sprachbereiche (Aussprache, Wortschatz usw.). Hat ein Kind in mindestens drei der ersten fünf Sprachbereiche Schwierigkeiten, liegt vermutlich eine ernstzunehmende Sprachentwicklungsverzögerung vor, die unbedingt fachliche Hilfe erfordert.

Viele Sprachfehler hingegen sind entwicklungstypische Fehler, die sich in der Regel »auswachsen«, wenn zu Hause genügend Sprachanregungen geboten und gegebenenfalls für kurze Zeit durch fachliche Hilfe ergänzt werden.

Eine Reihe von Sprachfehlern ist alterstypisch und üblich. Viele Kinder vertauschen und verändern in den ersten Lebensjahren Buchstaben und bilden teilweise selbst erfundene, lustige Wörter.

Solche entwicklungsbedingten Sprachfehler sind eigentlich ein gutes Zeichen für uns Eltern, denn sie weisen darauf hin, dass unser Kind gerade intensiv dabei ist, die Muttersprache (gegebenenfalls auch eine Zweitsprache) zu erlernen. Allerdings reagieren Eltern oft sehr unterschiedlich auf Sprachfehler.

[1] Ruth Heap (Hg.): Wenn mein Kind stottert. Ein Ratgeber für Eltern. Köln: Demosthenes Verlag 2000, S. 17.

Anna sagt mit zweieinhalb Jahren zu ihrer Mutter: »Nane haben.« Und die Mutter versteht, dass sie eine Banane haben will. Sie wiederholt den Satz ihrer Tochter: »Ah, du möchtest eine Banane haben?«, damit Anna hört, wie es richtig heißt. Dadurch wird Anna bald entdecken, dass »Nane« eigentlich eine »Banane« ist. Als Anna abends zum Papa wieder »Nane haben« sagt, erwidert der Vater: »Du weißt doch, dass es ›Banane‹ heißt. Ich gebe dir die Banane erst, wenn du ›Banane‹ richtig sagst.« Der Vater hat Sorge, dass Anna diesen Sprachfehler nicht mehr loswird, deshalb will er Anna zwingen, richtig zu sprechen. Doch er übersieht, dass Anna noch nicht so weit ist in ihrer Sprachentwicklung. Deshalb schüchtert seine Belehrung Anna vermutlich eher ein, als dass sie ihr nützt.

Lena ist drei und sagt z. B. »Tüche«, wenn sie »Küche« meint, denn sie kann das k noch nicht aussprechen. Die Mutter benutzt momentan deshalb das Wort »Küche« besonders häufig.

Und der vierjährige Adrian tut sich noch mit dem sch schwer und sagt stattdessen s. So wird z. B. aus dem »Fisch« ein »Fis«. Max wiederum probiert die Konsonanten auf seine eigene Art aus: Der »Dummidiefel« ist der »Gummistiefel« und »Hummer« bedeutet »Ich habe Hunger«.

Manche Kleinkinder kreieren anfangs ganz eigene Wörter, die sich wie die Sprache von Außerirdischen anhören.

Ebenso ist es für Kinder mit vier Jahren nicht nur richtig, sondern prima, wenn sie grammatische Regeln übergeneralisieren. Kleine Kinder entdecken irgendwann, dass wir aus einem Wort andere Wortarten ableiten können: Beispielsweise wird aus einem Substantiv (Hauptwort) ein Verb (Tätigkeitswort) oder ein Adjektiv (Eigenschaftswort): Aus der »Fahrt« wird »fahren« und aus der »Hochzeit« »hochzeiten« (s. hierzu auch das Kapitel »Die Eckpfeiler der Sprachentwicklung«, S. 31). Im täglichen Sprachgebrauch entdeckt das Kind dann, welche Ableitungen richtig sind und welche nicht.

Manche Eltern finden die Wortschöpfungen und Sprachkreativität ihres Kindes niedlich und freuen sich über diese Versuche, andere hingegen haben Sorge, dass sich nun bei ihrem Kind schlimme Fehler einschleifen. Doch je nach Alter des Kindes gilt bei solchen Sprachfehlern die Erkenntnis: »Das wächst sich aus«, wenn das Kind im Alltag lediglich die richtig ausgesprochenen Wörter hört.

Aber nicht jede Sprachauffälligkeit wird überwunden, sondern kann ein Anzeichen dafür sein, dass das Kind schwerer wiegende Probleme bei der Sprachentwicklung hat. Je früher wir Eltern und die Erzieher/innen solche Sprachentwicklungsprobleme bemerken und mit fachlicher Hilfe darauf reagieren, desto größer sind die Chancen, dass auch das Kind im Schulalter richtig sprechen, schreiben und lesen lernt.

Es ist allerdings für uns Eltern nicht leicht einzuschätzen, ob es sich bei den Sprachschwierigkeiten unseres Kindes um entwicklungstypische Sprachfehler handelt, die sich im Laufe der Entwicklung einfach geben, oder ob gezielte und rechtzeitige Förderung (und welche) sinnvoll ist. Um hier etwas mehr Orientierung zu bieten, finden Sie im nun folgenden Kapitel einen Überblick über die normale Sprachentwicklung in der Kindheit von null bis sechs Jahren und darüber, welche Auffälligkeiten es in dieser Zeit geben kann. Dadurch können Sie besser einschätzen, wo sich Ihr Kind gerade befindet.

Der Spracherwerb in den ersten sechs Lebensjahren

Da die Beschreibung einer alterstypischen und sogenannten »normalen« Sprachentwicklung immer die Gefahr in sich birgt, nicht den individuellen Besonderheiten eines Kindes gerecht zu werden, möchte ich vorab noch einen kurzen Blick auf das werfen, was eigentlich als »normal« bezeichnet werden kann, um im Folgenden eine durchschnittliche Sprachentwicklung und die Anzeichen einer abweichenden Sprachentwicklung einander gegenüberzustellen.

Was ist normal bei der Sprachentwicklung?

Eine »normale« Entwicklung und so auch eine »normale« Sprachentwicklung gibt es vermutlich kaum, da sich jedes Kind sehr individuell entwickelt und dabei die unterschiedlichsten Abweichungen auftreten können, durch die seine Gesamtentwicklung jedoch nicht negativ beeinträchtigt wird.

Die meisten Kinder krabbeln z. B., bevor sie laufen, doch einige Kinder robben auf dem Po und lernen schließlich ebenso aufrecht gehen wie die Kinder, die gekrabbelt sind. Auch beim kindlichen Spracherwerb zeigt sich ein breites Spektrum an Entwicklungswegen: So schließen manche Kinder bereits Ende ihres vierten Lebensjahres ihren Spracherwerb ab, andere erst, wenn sie sechs Jahre alt sind. Das Tempo, die Dauer und die Art der Sprachentwicklung sind also von Kind zu Kind höchst unterschiedlich.

Eine »Normalentwicklung« kann also letztlich nur mit Blick auf das jeweilige Kind festgestellt werden. Dementsprechend ist »normal«, wenn es mit Hilfe positiver Anregungen aus seiner Umwelt seine in ihm natürlich angelegten Sprachfähigkeiten optimal entfaltet. Und das sollte unser Anliegen sein, statt ein Kind den Durchschnittswerten der Sprachentwicklung anzupassen. Nicht: Mit drei Jahren spricht ein Kind »normalerweise« Zweiwortsätze, deshalb übe ich intensiv und gezielt mit meinem Kind, damit ihm das auch gelingt. Sondern: Ich stelle mich auf seine Entwicklungs- und Lernmöglichkeiten ein, d. h., wenn mein Kind mit drei Jahren noch keine Zweiwortsätze spricht, schaue ich, woran es liegt, welche Hindernisse bestehen und welche Hilfen dem Kind guttun würden.

Viele Abweichungen und Auffälligkeiten innerhalb der kindlichen Sprachentwicklung sind nicht direkt beunruhigend, solange sie auf eine gewisse Zeitdauer begrenzt bleiben. Eine Verzögerung von sechs Monaten gilt in der Regel als »normal«. Oft spielen hier die Lebenssituationen des Kindes eine große Rolle, wie z. B. die Geburt von Geschwistern, Krankheit, Scheidung, ein Umzug, Eintritt in den Kindergarten usw. In extremen Situationen, wie z. B. bei der Geburt von Zwillingen oder einem Todesfall in der Familie, kann es verständlicherweise zu noch längeren Verzögerungen kommen.

Sprachprobleme wie das gerade genannte lassen sich in der Regel mit etwas Unterstützung innerhalb kürzerer Zeit lösen. Daneben brauchen gravierendere Sprachstörungen fachliche und familiäre Hilfe über einen deutlich längerern Zeitraum (ein bis zwei Jahre mindestens).

Wie Kinder lernen

Wie funktioniert es eigentlich, dass ein Kind spätestens mit zwei Jahren sein erstes Wort spricht?

Es scheint, als ob das Sprechenlernen recht einfach und nebenbei geschieht. Plötzlich spricht das kleine Kind erste Wörter, ohne dass es hierfür je eine einzige Unterrichtsstunde erhalten hätte. Dennoch muss ein Kind, bevor es sein erstes Wort spricht, viele wichtige Entwicklungsschritte tun: Es muss z. B. genau hinhören, genau sehen und Hunderte von Muskeln, die am Sprechen beteiligt sind, aktiv ausprobieren und koordinieren lernen. Der kindliche Spracherwerb ist somit ein höchst komplizierter Prozess, der von sehr vielen unterschiedlichen Faktoren beeinflussbar und abhängig ist und der leider auch äußerst störanfällig ist.

Zum Glück hat die Natur ein Kind mit allen notwendigen Fähigkeiten und Fertigkeiten ausgestattet, um ihm das Erlernen der Sprache zu erleichtern. Es ist sogar faszinierend, wie rasend schnell kleine Kinder in ihren ersten drei Lebensjahren die Sprache und ihre Struktur erlernen: Dreijährige bemerken in der Regel, ob jemand grammatikalisch richtig oder falsch spricht, auch wenn sie selbst noch nicht fehlerfrei sprechen. Ein dreijähriges Kind erkennt beispielsweise eine falsche Satzstellung (»Eine Banane Max isst«), obwohl es die Satzbauregel Subjekt-Prädikat-Objekt selbst noch nicht richtig anwendet.

Heute wissen wir aus Ergebnissen der Säuglingsforschung, der Hirn- und der Lernforschung, wie kompetent und lernfähig bereits kleine Kinder sind. Sie können sogar als »Lerngenies« bezeichnet werden: Ein zweijähriges Kind lernt nämlich in einem Monat mehr als ein/e Student/in im ganzen Studium. Beispielsweise lernt ein dreijähriges Kind durchschnittlich etwa alle 90 Minuten ein neues Wort. Das schaffen wir Erwachsenen nicht. Während kleine Kinder mit großer Neugierde, Freude, Konzentration und Ausdauer lernen, mit einer Leichtigkeit, die beneidenswert ist, lernen wir Erwachsenen vergleichsweise viel schwerfälliger, nur mit Anstrengung und Disziplin.

Die Lernfähigkeit wird einem Kind mit in die Wiege gelegt. Kinder besitzen eine Art inneren Bauplan, d. h., sie tragen alle notwendigen Fähigkeiten und Fertigkeiten in sich. Wir müssen ein Kind nicht dazu motivieren, die Muttersprache zu lernen oder aufrecht zu gehen, es lernt beides aus innerem Antrieb heraus. Allerdings müssen die im Kind angelegten Möglichkeiten durch Umweltreize angeregt werden, um sich zu entfalten, so wie eine Pflanze erst blüht, wenn sie einen geeigneten Nährboden, angemessen viel Sonnenlicht und die entsprechende Wassermenge bekommt.

Dennoch kann ein Kind nicht alles auf einmal lernen. Vielmehr öffnen sich phasenweise bestimmte Lernfenster. Zu solchen Zeiten tun sich Kinder besonders leicht, etwas zu lernen. Überall auf der Welt ist z. B. zu beobachten, dass Kinder in den ersten sechs Lebensjahren die Sprache lernen. Wir können also sagen, dass während dieser Zeit ein Lernfenster für den Spracherwerb geöffnet ist. Kleine Kinder sind sogar mit besonderen Fähigkeiten ausgestattet, die jedoch mehr und mehr verloren gehen. Zu Beginn seines Spracherwerbs kann ein Kind nämlich jede Sprache dieser Erde (oder auch zwei Sprachen gleichzeitig) mit Leichtigkeit lernen. Erst im Laufe der folgenden Jahre spezialisiert es sich auf die Muttersprache, deren Lautbildung und Grammatik, während es fremde Laute nicht mehr so einfach erlernt. Nie mehr danach lernt der Mensch so leicht und so gut eine neue Sprache.

Das heißt, es ist sehr wichtig, dass ein Kind, während bei ihm ein solches Lernfenster geöffnet ist, auch entsprechende Anregungen und Übungsmöglichkeiten findet. Welches Lernfenster gerade geöffnet ist, zeigen uns die Interessen des Kindes. Worauf achtet es in dieser Zeit besonders?

In den ersten Lebensjahren sind bei Kindern ***drei besondere Lernfenster*** geöffnet:

1. *Für die Bewegung*: Kinder bewegen sich sehr viel und üben sich täglich darin, ihre Bewegungen zu verfeinern, bis sie gezielt mit einer Hand, dann sogar mit einzelnen Fingern greifen und bis sie aufrecht gehen können. Ebenso trainieren sie aktiv die vielen Muskeln, die sie schon bald koordiniert zum Sprechen benutzen.
2. *Für die Sprache*: Kinder beobachten sehr genau, wie andere ihren Mund bewegen und welche Laute sie artikulieren, und schon bald entdecken sie, welche Bedeutung die Wörter haben.
3. *Für die Ordnung*: Kinder lieben es, alles Mögliche zu sortieren und in eine Ordnung zu bringen. Sie sammeln und ordnen Steine, Stöckchen, Blumen, Spielautos, Bücher und vieles mehr nach Farbe, Form oder Größe und zeigen dabei ihr erstes Interesse an der Mathematik. Doch nicht nur das – Ordnung scheint Vorschulkindern sogar ein ganz besonderes Bedürfnis zu sein. Ist einmal der gewohnte Tagesrhythmus durcheinander, haben Kinder damit meistens Probleme. Nicht selten sind sie deshalb z. B. im Urlaub, wo alles anders als zu Hause ist, weinerlicher oder aber viel müder als sonst. Kein Wunder, denn für Kinder ist die Welt zunächst

einmal fremd. Nur Ordnung und Regelmäßigkeit geben dem Kind das nötige Vertrauen und den Mut, sich in dieser fremden Welt allmählich alleine zurechtzufinden.

Allerdings lernt und entwickelt sich ein Kind nicht separat mal in dem einen, dann wieder in dem anderen Bereich, sondern in allen gleichzeitig. Stöcke sortiert das Kind mittels Bewegungen, und ein Kind, das Stöcke in der Hand gehalten hat, lernt auch die Bedeutung von Wörtern wie »Stock«, »kurz« und »lang«, »hell« und »dunkel«. Die Erfahrungen, die es dabei macht, dienen ihm als wichtige »Anker«, an denen Wörter festgemacht sind.

Diese besonderen kindlichen Lerninteressen werden von weiteren tollen Fähigkeiten begleitet:

- einer großen *Neugierde*, wie wir sie bei Kindern täglich beobachten können. Manchmal ist es richtig beneidenswert, wie wissbegierig sie im Gegensatz zu uns Erwachsenen sind.
- Hinzu kommt eine besondere *Ausdauer und Konzentrationsfähigkeit*, über die wir Erwachsene in diesem Maß nicht mehr verfügen. Ein Kind, das beispielsweise Knöpfe in einen Dosenschlitz steckt, tut dies mit einer regelrechten Hingabe, tief versunken. Es lässt sich dabei nur schwer ablenken und beschwert sich vermutlich ärgerlich und weinend, wenn wir ihm die Dose und die Knöpfe wegnehmen. Mit derselben Ausdauer lernen Kinder das Sprechen und das aufrechte Gehen. Wir Erwachsene würden viel eher verzagen und bei dem hundertsten gescheiterten Versuch aufgeben. Kleine Kinder tun das hingegen nicht. Sie üben und lernen beharrlich weiter.

Ein Antrieb dafür scheint darin zu liegen, dass ein Kind die täglichen Verrichtungen allein können will. Einer der am häufigsten geäußerten Sätze eines Kindes lautet ja auch: »Will alleine machen.« Das ist eine gute Kraft, auf die wir Eltern vertrauen können und die wir auch respektieren sollten. Kinder lernen erst, wenn sie vieles alleine ausprobieren dürfen und das so lange, bis sie es selbst können. Ein Kleinkind sollte während des Sprechens möglichst nicht unterbrochen oder sogar zur Ruhe ermahnt werden, auch wenn seine Wörter noch nicht ganz verständlich sind. Es ist eine gute und notwendige Übung für ein Kleinkind, sich selbst mitzuteilen, und es ist deshalb wenig sinnvoll, wenn die Mutter bzw. eine andere Bezugsperson seine Sätze zu Ende spricht.

Hat ein Kind wenig Möglichkeiten, selbst aktiv zu sein, selbst etwas auszuprobieren, hemmt dies seine gesamte Entwicklung. Auch die noch junge Hirnforschung bestätigt, wie lernfähig Kinder in den ersten sechs Lebensjahren sind und wie wichtig dabei die kindlichen Aktivitäten und die damit verbundenen Erfahrungen sind.

Schon im Gehirn eines Neugeborenen sind alle Neuronen (Gehirnzellen) vorhanden. Doch sie machen ein Kind noch nicht intelligent und denkfähig. Erst wenn sich solche Neuronen zu Synapsen (Nervenverbindungen) verbinden, entsteht eine Art Gehirnarchitektur, die das Gehirn zu einem denkfähigen Organ werden lässt. Gerade in der frühen Kindheit werden besonders viele solcher Synapsen rasant schnell gebildet. Das Gehirn ist in dieser Zeit also besonders aktiv und veränderbar. Auch später bilden sich zwar immer wieder neue Synapsen, doch ein neunjähriges Kind verfügt schon nicht mehr über dieselbe Menge wie ein Kleinkind. Denn viele der zu Beginn des Lebens gebildeten Nervenverbindungen bilden sich wieder zurück – es bleiben nur jene, die immer wieder genutzt und somit immer wieder aktiviert werden. Das Sprachzentrum im Gehirn erweitert sich also erst und bleibt einigermaßen stabil, wenn ein Kind regelmäßig und aktiv mit Sprache umgeht – so wie auch wir Erwachsene uns an die meisten Fremdwörter nur erinnern, wenn wir sie regelmäßig benutzen.

Doch nicht nur durch das Sprechen bilden sich Synapsen. Jede sensomotorische Erfahrung eines Kindes fördert die Synapsenbildung und somit das Lernen. Die Bewegung und die Wahrnehmung eines Kleinkindes spielen deshalb eine große Rolle für seine Lernfortschritte. Dabei ist die Fähigkeit, seine Bewegungen und seine Sinne zu koordinieren, Voraussetzung dafür, die Sprache richtig zu lernen.

Kinder mit einer Lese-Rechtschreibschwäche beispielsweise haben oft eine Wahrnehmungsstörung, weshalb es nicht reicht, dem Kind die korrekte deutsche Rechtschreibung beizubringen. Auch seine Wahrnehmung (z. B. die Raum-Lage-Wahrnehmung) muss gezielt gefördert werden. Desgleichen erschweren Bewegungseinschränkungen und -probleme das Schreibenlernen: Es gelingt erst durch das komplexe Zusammenspiel von Muskeln und Sinnen und stellt somit sehr hohe Anforderungen an ein Kind.

Ebenso wird ein Kind, das seine Mundmuskulatur nicht gut koordinieren kann oder Schwierigkeiten beim Schlucken hat, vermutlich Probleme bei der Aussprache haben. Und wenn ein Kind sich wenig im Raum bewegt, wie soll es dann die Präpositionen (unter, über, auf usw.) verstehen?

Doch die Bewegung ist nicht nur eine wichtige Grundlage für Sprache: »Der Mensch macht nichts ohne Bewegungen: Welche Handlung der Mensch auch vollbringt, ob er läuft, arbeitet, spricht oder schreibt, ob er die Augen öffnet, um zu schauen, oder ob er sie schließt, um etwas nicht zu sehen, immer handelt er, indem er sich bewegt.«[2]

Damit ein Kind die »richtigen« Wörter benutzen kann, muss es nicht nur ihren Sinn und die grammatikalischen Regeln verstehen lernen, sondern es muss von Geburt an auch die Beweglichkeit seiner Sprechwerkzeuge intensiv üben, wozu auch die Atmung und die Stimme, die durch das Ausatmen der Luft durch den Kehlkopf entsteht, die Lippenbewegung, die Zähne, die Zunge und der Gaumen, die Ohren und die Augen sowie ein »funktionstüchtiges« Gehirn gehören. Ein Kind erwirbt also nicht nur die Sprache, sondern es formt auch die Organe, die es ihm ermöglichen zu sprechen. Hat ein Kind Organschäden und Einschränkungen in der Muskelbewegung, sind beispielsweise seine Lippen ohne Anspannung immer geöffnet, wird auch seine Sprachentwicklung gestört sein.

Der Spracherwerb ist somit nicht als eine isolierte Lernphase zu verstehen, sondern ist in die gesamte Entwicklung eines Kindes eingebettet: Einschränkungen oder Auffälligkeiten in den unterschiedlichen Entwicklungsbereichen können deshalb auch Auswirkungen auf die Sprachentwicklung haben.

Die Eckpfeiler der Sprachentwicklung

Die Sprachentwicklung beginnt vermutlich schon im Bauch der Mutter, wenn der Embryo die Sprache der Eltern und Geschwister hört. Ab etwa dem 5. Monat entfaltet sich bereits der Gehörsinn.

[2] Maria Montessori: Das Kind in der Schule. Freiburg: Herder 1976, S. 161.

Über die Wahrnehmung von Tönen und Geräuschen bildet sich zuerst das Gehörzentrum im kindlichen Gehirn, danach das Sprachzentrum. Erst im Lauf der Zeit gehen diese beiden Zentren eine Funktionssymbiose ein. Das bedeutet, dass der Spracherwerb eng mit dem Hören verbunden ist: Ein Kind hört die Sprache und nimmt deren Melodie auf. Bereits nach wenigen Tagen erkennt ein Neugeborenes die Stimme der Mutter und schon bald wird es versuchen, die Sprachmelodie nachzuahmen.

Babys reagieren aktiv und sehr neugierig auf die unterschiedlichen Töne, sie drehen zuerst ihre Augen und später den Kopf in die Richtung, aus der ein Ton bzw. ein Geräusch kommt. Selbst beim Stillen ist diese Neugierde oft größer als der Hunger. Neben dem Gehörsinn wird der Sehsinn immer aktiver, und die Augen des Kleinkindes beobachten zusehends interessierter die Mundbewegungen der Eltern.

Von klein auf tritt ein Kind mit seiner Umwelt, vor allem mit der Mutter bzw. dem Vater, in einen Dialog, der erst einmal ohne Sprache stattfindet, den Spracherwerb jedoch maßgeblich anregt. Auch wenn ein Neugeborenes noch nicht spricht, meldet es sich dennoch lautstark bei den Eltern, indem es schreit, strampelt oder seinen Gesichtsausdruck verändert. Schon bald erkennen Eltern an der Art des Schreiens, Strampelns und an der Mimik ihres Kindes, ob es hungrig, müde, unglücklich oder unternehmungslustig ist. Die Kommunikation zwischen Kind und Erwachsenen beginnt und ihre Qualität und Häufigkeit wird die gesamte Entwicklung des Kindes stark beeinflussen. Anders ausgedrückt: Ist das Beziehungsverhalten zwischen dem Säugling und der Mutter bzw. der Bezugsperson positiv geprägt, fördert dies auch die positive Entwicklung des Kindes.

So spielt es eine große Rolle, ob die Bezugsperson oft Blickkontakt[3] mit dem Säugling hat und ob sie seine Signale wahrnimmt und direkt darauf antwortet, d. h. ihm zu essen gibt, wenn er Hunger hat, ihn schlafen legt, wenn er müde ist, ihn aus dem Bett holt, wenn er aufwacht und neugierig ist. Solch ein »responsives« Verhalten, bei dem Eltern zeitlich direkt auf die kindlichen Bedürfnisse reagieren und diese möglichst optimal erfüllen, gilt als grundlegende Basis für den Spracherwerb.

Die Art der Mitteilung eines Säuglings wird schon früh von den Reaktionen seiner Umgebung beeinflusst: Wenn die Eltern auf das Schreien des Babys antworten, verändern sich im Laufe der Zeit dessen Schrei- und Rufphasen. Sie werden insgesamt kürzer und das Kind macht auch Schreipausen, um Zeit für die »Antwort« zu lassen. Es findet somit eine wechselseitige Beeinflussung (Interaktion) statt, denn auch umgekehrt stellen sich die Eltern, Geschwister und sonstigen Bezugspersonen auf das Verhalten des Babys ein.

Fehlt dem Kind jedoch liebevolle Zuwendung, werden seine Bedürfnisse nicht gestillt, wird das zu Störungen in seiner Entwicklung führen. Denn es lernt dann nicht genügend Verständigungs- und Handlungsmuster.

In freundlicher Umgebung macht ein Baby schon bald – mit etwa sechs Wochen – seine ersten Sprechversuche: Es bildet neue Töne. Zuerst sind es Gurgel- und Sprudellaute, später Schnalz- und Zischlaute, nur spielerische Versuche,

[3] Die erwartungsvollen kindlichen Blickkontakte sind ein wichtiger Meilenstein in der Sprachentwicklung, denn so erfährt das Kind, was andere etwa mit bestimmten Gegenständen tun und was sie zu ihnen sagen. Kleine Kinder nehmen z. B. einen Kamm in die Hand, betasten ihn und schauen dann neugierig zur Mutter oder zum Vater, als wollten sie fragen: »Was meinst du dazu?« Die Eltern reagieren meistens darauf und sagen vielleicht: »Soll ich dir mit dem Kamm deine Haare kämmen?«

mit denen das Baby noch keine Wünsche äußert. Es bildet in dieser Zeit alle möglichen Laute. Erst einige Monate später reduzieren sich diese Lautbildungen auf solche Laute, die es in seiner Umgebung hört. Ein Kind deutschsprachiger Eltern wird also zunehmend Laute unseres Alphabets bilden und ein Kind chinesischer Eltern die Laute der chinesischen Sprache.

Parallel zeigt das Kleinkind etwa ab dem dritten bis vierten Monat seine Gefühle durch Lächeln oder Weinen. Es beginnt seine Freude mittels Tönen und Mimik auszudrücken. Zunehmend redet das kleine Kind jetzt »lallend« und hört sich dabei gerne selber zu. Dabei lacht und quietscht es meistens vergnügt.

Es kommen immer mehr Laute hinzu, das b, das w und das m. Noch bevor es ein Jahr alt ist, verbindet das Baby Laute zu Silbenketten wie ma-ma-ma-ma oder da-da-da-da. Oft sprechen Babys im neunten Monat ihre ersten zweisilbigen Wörter, worauf ihre Eltern meist begeistert reagieren.

Mittlerweile hat das Kind auch viele weitere Entwicklungsschritte getan, es greift gezielt mit seiner Hand nach Gegenständen, es richtet sich vom Boden auf und lacht sich selbst im Spiegel an. Mit jedem neuen Entwicklungsschritt geht ein Kind immer weiter in die Welt hinein und nimmt immer mehr von ihr wahr.

Etwa mit einem Jahr, wenn das Ich-Bewusstsein des Kindes erwacht, beginnt es, seinen Namen zu verstehen und darauf zu reagieren, und wenn es von sich selbst spricht, tut es dies mit seinem Namen. Das Kind benennt nicht nur sich selbst, sondern es entdeckt auch, dass die Dinge in seiner Umgebung einen Namen haben. Es beginnt, Wörter einem Gegenstand zuzuordnen. Meistens können Kinder im zweiten Lebensjahr die wichtigsten

Personen und ihre Lieblingsgegenstände benennen. Allerdings mag noch nicht jedes Wort immer ganz richtig sein, die Bezeichnung »Wau-Wau« kann für den Hund wie für alle Tiere gelten.

Bei den Anfängen des Spracherwerbs spielt der Blick eine wesentliche Rolle. Schon vor ihrem ersten Geburtstag gelingt es den meisten Kindern, ihren Blick zwischen einem Gegenstand und der Mutter bzw. der Bezugsperson und somit ihre Aufmerksamkeit zwischen einem Gegenstand und einer Person aufzuteilen. Dies ist ein wichtiger Impuls für den Spracherwerb. Hierzu ein Beispiel: Der Blick der zehnmonatigen Jasmin wandert immer wieder zwischen ihrer Puppe, die im Puppenwagen liegt, und ihrer Mutter hin und her. Der Blick der Mutter wird dadurch auf die Puppe gelenkt und vielleicht sagt sie: »Ja, da ist deine Puppe. Willst du mit der Puppe spielen?« Auf diese Weise erhält Jasmin neue Informationen über den Gegenstand, den sie gerade interessant findet, und gleichzeitig hat der Blickkontakt ihre Kommunikationsfähigkeit gefördert.

Das Kind hat nun bereits einige Wörter in seinem Gehirn gespeichert, die es aktiv anzuwenden versucht. Es macht Annahmen darüber, ob der Begriff auch wirklich zu dem Gegenstand passt: So zeigt das Kind beispielsweise auf einen Plüschhund und sagt: »Hund«. Dabei schaut es wieder die Mutter oder den Vater fragend an und wartet, ob sie/er zustimmt. Einige Male überprüft es auf diese Weise, ob seine Hypothese darüber, was das Wort »Hund« wirklich meint, stimmt. Wenn sie bestätigt wird, hat es schon bald die Bedeutung eines neuen Wortes gelernt. Ebenso lernt ein Kind im Laufe der nächsten Jahre alle möglichen Arten anderer Wörter: Zahlwörter, Farben, Zeitwörter, Adjektive, Präpositionen usw.

Heute wissen wir, dass Kinder Sprache durch das Bilden von Hypothesen lernen und dass sie dabei zwangsläufig Fehler machen. Ohne Fehler geht es also nicht. Doch sie sind ein gutes Zeichen dafür, dass ein Kind die Grundstruktur der Sprache versteht: Denn viele Fehler sind vom Kind sprachlich eigentlich richtig gedacht, z. B. wenn es aus einem Nomen ein Adjektiv ableitet. Diese Ableitung ist ein wichtiges Merkmal unserer Sprache, sie ist aber nicht immer anwendbar. Aus »Hunger« kann »hungrig« abgeleitet werden, aber aus »Erwachsener« nicht »erwachsig«. Auch andere Sprachregeln übergeneralisieren Kinder anfangs, so die Zeitenbildung, etwa »angelogt« anstatt »angelogen«. Solch ein Fehler ist für ein vierjähriges Kind toll. Er zeigt nämlich, dass das Kind bemerkt, wie durch die Veränderung des Verbs eine andere Zeit gebildet wird. Nur lässt sich diese eine Endung eben nicht auf alle Verben anwenden.

Solche Fehler dürfen auf keinen Fall verurteilt oder abgewertet werden. Stattdessen sollte das Kind im Sprachalltag immer wieder die richtige Zeitenbildung hören. Sein Lernfenster dafür ist ja gerade weit offen, sodass es schon bald die richtige Form erkennt und bilden lernt.

Das »Kauderwelsch« kleiner Kinder ist ebenfalls keineswegs besorgniserregend, sondern typisch. Manche Kinder konstruieren sogar richtig niedliche Wörter und Sätze: »Tati fahren« statt »Taxi fahren«. Auch verstehen Kinder Wörter auf ihre Art: Das Wort »habilitieren« kommentiert ein Kind vielleicht: »Die Tieren kenne ich nicht.«

Mit etwa 18 Monaten lieben es Kinder, Töne und vor allem Tierstimmen nachzuahmen. Sie haben Spaß an Reimen und kleinen Bewegungsliedern und verstehen schon eine ganze Menge, auch kleine Aufträge (»Bitte hole den Löffel«). 90 Prozent der Kinder verstehen sogar Doppelaufträge wie »Hänge die Tasche auf und ziehe deine Hausschuhe an«. Doppelfragen können sie hingegen noch nicht beantworten: »Willst du einen Apfel oder eine Banane?« Die Antwort lautet dann vermutlich nur »ja«.

Es fällt auf, dass der passive Wortschatz bereits deutlich weiterentwickelt ist als der aktive, d. h., ein Kind versteht schon viel mehr, als es sprechen kann. Manchmal gerät das Kind hierüber auch in Wut, etwa weil es ein Wort sucht und nicht findet oder weil es ein Wort mit schwierigen Lautverbindungen noch nicht richtig aussprechen kann: Ein Wort wie »Schnupfen« mit den Phonemen sch und pf ist für ein Kind schwer zu artikulieren. Allerdings lernt es schon bald, auch diese komplizierteren Laute zu bilden.

Einige drei- bis vierjährige Kinder sprechen noch nicht alle Konsonanten richtig aus, da sie im Mund schwerer zu »fühlen« sind als Vokale: Da wird z. B. das k als t gesprochen und aus »Mirko« wird »Mirto«. Manche Kinder lispeln in dieser Zeit auch oder sprechen ein sch noch als s.

Der Wortschatz von Kindern mit anderthalb bis zwei Jahren umfasst ca. 50 Wörter. Während sie bis dahin eher langsam neue Wörter gelernt haben, beginnt im dritten Lebensjahr eine regelrechte »Wortschatzexplosion«. Von dieser Zeit an lernt ein Kind täglich, sogar stündlich eine Fülle von neuen Wörtern, vor allem für Gegenstände, Tätigkeiten und Personen.

Allmählich verändert sich nun auch das Denken des Kindes. Es nimmt verschiedene Merkmale und Eigenschaften eines Gegenstandes immer differenzierter wahr und stellt auch Zusammenhänge zwischen Gegenständen und deren Merkmalen her. Doch vollständig gelingt ihm das erst, wenn sich seine Wahrnehmung insgesamt entfaltet. Erst über die Sinne gewinnt ein Kind den Zugang z. B.

zu den Adjektiven: Der Ball ist »rund«, der Bär ist »weich« und das Radio »laut«.

Am Ende seines zweiten Lebensjahres versteht ein Kind im Durchschnitt über 250 Wörter, mit drei Jahren bereits ca. 1000 Wörter. Der aktive Wortschatz eines Erwachsenen wird auf ca. 20 000 bis 60 000 Wörter geschätzt.[4] Kinder, die mehrsprachig aufwachsen, erleben den Zuwachs ihres Wortschatzes häufig etwas später. Interessant ist, dass Kinder von gesprächigen Eltern mit 20 Monaten bereits einen höheren Wortschatz haben (sie sprechen rund 130 Wörter mehr) als Kinder, die in einer spracharmen Umgebung aufwachsen.[5] Außerdem scheinen Mädchen den Jungen in der Sprachentwicklung durchschnittlich immer ein wenig voraus zu sein.

Am Ende seines zweiten Lebensjahres lernt ein Kind ferner, die ihm bekannten Wörter in Kategorien zu unterteilen. Und es unterhält sich jetzt gerne in Form eines »Telegrammstils«. In diesem Alter benutzt ein Kind bei den Verben allerdings noch meistens den Infinitiv und keine Adjektive: »Lisa essen«, »Jens weinen«. Allmählich versteht das Kind auch Präpositionen, z. B. das Wort »auf«. Ebenso lernt es jetzt Farbnamen und erste Zahlwörter.

Hinzu kommen die Fragen der Kinder: »Warum fahren wir zur Oma?« Manchmal können uns solche Kinderfragen regelrecht anstrengen und erfordern ziemlich viel Geduld. Doch über dieses viele Fragen lernen Kinder die Welt und die Bedeutung von Wörtern verstehen. Manchmal sagen sie auch Dinge, die uns wirklich staunen lassen:

[4] Uta Hellrung: Sprachentwicklung und Sprachförderung. Freiburg: Herder 2006, S. 26.

[5] Gabriele Haug-Schnabel/Joachim Bensel: Grundlagen der Entwicklungspsychologie. Freiburg: Herder 2005, S. 83.

Weil die ansonsten redselige vierjährige Anna traurig und stumm in ihrem Bett liegt, wendet sich die Mutter tröstend und freundlich ihr zu: »Schatz, du kannst mir alles sagen.« Die Tochter überlegt kurz und fragt: »Auch du Arschloch?« Anna erforscht hier die wahre Bedeutung dessen, was die Mutter meint, und erprobt gleichzeitig das Schimpfwort »Arschloch«. Auch der Umgang mit Schimpfwörtern will gelernt sein.

Spätestens im Kindergarten lernen Kinder auch eine ganze Menge Schimpfwörter kennen, die auf andere ja eine ganz besondere Wirkung haben. Welche Wörter sind das, welche sind zwar frech, aber dennoch sozial toleriert? Und welche sind keine Schimpfwörter? Leon z.B. schrie seinen größeren Bruder in der Wut einmal an: »Du dicke Banane!« Nur leider hat sein Bruder ihn lediglich ausgelacht und ihn als »Doofmann« bezeichnet.

Beim Umgang mit Schimpfwörtern wird Kindern auch deutlich, dass Wörter weit mehr tun, als sachliche Inhalte zu transportieren und sich grammatikalischen Regeln zu beugen. Wörter können regelrechte Waffen sein, sie können Macht ausüben und verletzen, sie können aber auch Zuneigung, Liebe und Anerkennung ausdrücken.

Es ist nicht leicht für Kinder, Wörter immer richtig zu deuten.

Schon am Ende ihres dritten Lebensjahres haben die meisten Kinder den größten Teil der Grammatik aufgenommen. Das kindliche Wissen um die Regeln der Sprache zeigt sich z.B. darin, dass ein Kind Vergangenheitsformen und vollständige Sätze, sogar mit ersten Nebensätzen bilden kann, auch wenn es dabei manchmal noch Fehler macht. Wir können beobachten, dass vierjährige Kinder in der Regel bereits vollständige Sätze mit Subjekt, Prädikat und Objekt (Dreiwortsätze) bilden und dass daraus mit etwa fünf Jahren immer längere Schachtelsätze werden.

Zwischen dem dritten und vierten Lebensjahr ist bei manchen Kindern ein sogenanntes Entwicklungsstottern zu beobachten, was jedoch nach einiger Zeit aufhört.

Mit etwa vier Jahren sprechen die meisten Kinder schwierigere Konsonanten und Phoneme, ohne zu lispeln. Und sie zählen oft schon bis 50.

Ab dem fünften Lebensjahr unterscheiden Kinder Einzahl und Mehrzahl, auch wenn aus einem »Tiger« manchmal noch »Tigers« oder aus einem »Tier« »viele Tieren« werden. Kein Wunder, denn die Pluralbildung ist im Deutschen gar nicht einfach: Es gibt elf verschiedene Formen der Pluralbildung, die Kinder erst einmal entdecken und ausprobieren müssen, bis sie sie beherrschen. Fünfjährige benutzen nun auch die Artikel (der, die, das) meistens richtig und können alle Laute der Muttersprache bilden.

Noch bevor Kinder fünf Jahre alt werden, öffnet sich ein weiteres großes ***Lernfenster***, und zwar ***für das Schreiben***, und etwas zeitversetzt (etwa ein Jahr später) für das Lesen.

Für uns Eltern ist das zu beobachten, wenn unser Kind mit dem Stift auf ein Papier oder mit einem Stock in den Sand Kritzel- und Zickzacklinien malt. Auf diese Art füllen Kinder jetzt auch gerne »Formulare« aus (spielen »Büro«), schreiben für uns den Einkaufszettel (»Sag mir, was wir kaufen müssen, ich schreib es auf«) oder schreiben erste Briefe. Allerdings sind es erst einmal unleserliche Hieroglyphen, allerdings schon segmentiert in kleine Einheiten, so wie auch wir zwischen den Wörtern Platz lassen.

Erst etwas zeitversetzt, oft ein Jahr später, erwacht das Interesse für das Lesen. Das Kind beginnt nach seinen

Schreibversuchen zu fragen: »Was steht da?« Jetzt öffnet sich das ***Lernfenster für das Lesen***, in der Regel zwischen dem fünften und sechsten Lebensjahr. Es wird dadurch gefördert, dass Kinder Bilderbücher anschauen und dass ihnen vorgelesen wird. In dieser Zeit entdecken sie darüber hinaus Symbole, etwa das Zeichen für die Apotheke, das S für die Sparkasse usw. Diese vielen Symbole im Alltag zu entdecken bereitet ein Kind prima darauf vor, die Buchstaben als Zeichen für bestimmte Laute wahrzunehmen. Schon bald erkennen Kinder einzelne Buchstaben, und oft gehen sie dann mit neuem Blick durch die Straßen und rufen erstaunt: »Schau mal, da ist ein O!«

Bis Kinder dann wirklich schreiben und lesen können, wird allerdings noch einige Zeit vergehen, denn Schreiben und Lesen erfordern wiederum sehr komplizierte und anspruchsvolle Fähigkeiten und Fertigkeiten. Dafür muss ein Kind eine ganze Reihe wichtiger Lernschritte vollziehen: Es muss die einzelnen Laute mit ihren wesentlichen Merkmalen, d. h. als Phoneme und Grapheme erkennen. Beim Schreibenlernen kommt hinzu, dass es die Umsetzung der Laute in Buchstaben auch motorisch realisieren muss. Bis die Hand den Stift gezielt führt und die Augen-Hand-Koordination gelingt, braucht es viel Übung.

Heute wissen wir, dass ein starker Zusammenhang zwischen dem phonologischen Wissen eines Kindes und seiner Lese- und Schreibfähigkeit besteht. Können Kinder Laute in einem Wort gut erkennen und voneinander unterscheiden, beugt dies einer Lese-Rechtschreibschwäche vor. Dazu sei angemerkt, dass in heutigen Grundschulklassen mindestens 20 Prozent der Schüler und Schülerinnen Probleme haben, die Schriftsprache zu lernen.

Beobachten Sie einmal ein Kind, das zu schreiben beginnt. Sie werden bemerken, dass es, während es die einzelnen Buchstaben schreibt, diese auch lautiert, d. h. ausspricht. Deshalb schreiben Kinder anfangs auch viele Wörter falsch, der Aussprache entsprechend hingegen richtig: Die Buchstaben HS z. B. stehen in der Anfangszeit des Schreibens vielleicht für »Hase«, KU vielleicht für die »Kuh« oder BAL für »Ball«.

Anhand eines Überblicks über ***die Phasen des kindlichen Schreibens***[6] soll noch einmal deutlich werden, wie viele Lernschritte ein Kind vollzieht, bis es von den ersten Kritzellinien zur richtigen Rechtschreibung gelangt, und dass auch hier wieder entwicklungstypische Fehler auftreten:

1. Viele Kinder beginnen bereits mit zwei bis drei Jahren, »Spuren« (Zickzacklinien, Wellenlinien) auf Papier oder in den Sand zu malen.
2. Mit etwa vier bis fünf Jahren entdecken sie allmählich die kommunikative Möglichkeit des Schreibens. Sie nutzen ihre Kritzellinien als Mitteilungen für andere – dabei tauchen bereits erste Buchstabenformen auf. Zuerst fällt ihnen meistens der erste Laut (Buchstabe) im Wort auf: z. B. das b in »Ball«. Bei dem Wort »Blume« hingegen bilden Kinder oft das l ab und denken, dies sei der Anlaut (der erste Buchstabe des Wortes). Ebenso kann es sein, dass ein Kind bei dem Wort »Ampel« das am Ende betonte l behält und den Anlaut a erst einmal noch überhört.
3. Mit etwa fünf bis sechs Jahren entdecken Kinder zunehmend, dass unterschiedliche Buchstaben die einzelnen Laute eines Wortes darstellen. Bei ihren Schreib-

[6] s. hierzu Reinhard Fischer (Hg.): Sprache – Schlüssel zur Welt. Band 1. Donauwörth: Auer 2005.

versuchen üben sie erste Laute festzuhalten, so wie sie die Wörter hören. Dabei hören sie oft einzelne prägnante Konsonanten eines Wortes (da die deutsche Sprache konsonantenlastig ist) und schreiben dann diese. Hier sind Kinder ideen- und erfindungsreich: Der »Fisch« wird vielleicht als FIS geschrieben oder das »Buch« als BUR.

4. Bis etwa zum siebten Lebensjahr erkennt das Kind immer mehr die gesamte Lautstruktur eines Wortes. Es lautiert (spricht die Laute) und schreibt die Wörter entsprechend der Umgangssprache, je nach Dialekt: »Mutter« ist vielleicht MUDDA oder MUTA und »Wurst« vielleicht WUAST.
5. Ab Anfang der zweiten Klasse etwa entdeckt das Kind typische Rechtschreibmuster, und die geschriebenen Wörter nähern sich ihrer vollständigen und korrekten Schreibweise an: Aus MUDDA oder MUTA wird MUTER und bald MUTTER. Auch kompliziertere Buchstabenverbindungen (wie das lange i–e) versucht das Schulkind nun zu schreiben: Aus TIR wird TIAR oder TIHR für »Tier«. Allerdings übertragen Kinder die neu entdeckten Regeln anfänglich erst einmal auf alle möglichen Wörter, sie übergeneralisieren die Rechtschreibregel: Haben sie bei MUTTER die Endsilbe ter verstanden, schreiben sie eventuell auch LOTTER für »Lotta«. Hinzu kommt, dass der Grundwortschatz des Kindes durch häufiges Üben und Wiederholen in der Schule immer größer und sicherer wird, was auch seine Rechtschreibfähigkeit erhöht.
6. Mit ca. acht bis neun Jahren (2./3. Schuljahr) kennt sich ein Kind mehr und mehr in den grundlegenden Regeln unserer Rechtschreibung aus. Es beherrscht jetzt im Großen und Ganzen die Regeln der Groß-

schreibung (von Hauptwörtern oder nach einem Punkt), die Satzzeichen, die Vor- und Nachsilben wie auch die Anwendung des Dehnungs- und Doppelzeichens.

Die Leseanfänge verlaufen in etwa folgendermaßen:

1. Vor Schulbeginn entdeckt das Kind Symbole und Firmenlogos (00 für Toilette, das Apotheken-A, den Schriftzug von Coca-Cola usw.) sowie einzelne Buchstaben als besondere Erkennungszeichen, wie z. B. das x in »Taxi«.
2. Schrittweise lernt das Kind nun die einzelnen Buchstaben-Laut-Beziehungen. Es wird zwar erst einmal die Buchstaben und Laute noch häufig verwechseln. Doch allmählich wird es z. B. die Anlaute oder die besonders deutlichen Laute in einem Wort erkennen: In »Hut« fällt einem Kind vielleicht das u besonders auf, da es ein betonter Laut ist.
3. Um Wörter besser identifizieren zu können, nutzt das Kind im weiteren Leselernprozess auch den Kontext, also die konkrete Situation, die die Wörter umgibt: Ein Baum hat einen anderen Kontext als ein Bauer. Selbst wenn die Wortstrukturen für das Kind ähnlich sind, kann es vermutlich an der Kontextsituation, in der die Wörter stehen, diese unterscheiden lernen.
4. Erst danach erfolgt – über eine längere Zeit – das Lesen von Buchstabengruppen. Sie in gesprochene Sprache zu übersetzen bereitet vielen Kindern zu Beginn oft einige Mühe.
5. Doch auch wenn ein Kind die Buchstaben eines ganzen Wortes lesen kann, heißt das noch nicht, dass es den Sinn dieses Wortes auch versteht. Um den Sinn zu begreifen, hilft es ihm, wenn es anfangs einzelne

Nomen (Hauptwörter) zu lesen versucht und dabei den entsprechenden Gegenstand sieht.
6. Im weiteren Verlauf des Lesenlernens automatisiert sich dieses Erkennen und Übersetzen der Buchstaben. Das Kind identifiziert die Buchstaben und Buchstabenfolgen rascher.
7. Zusätzlich bildet es immer schneller Hypothesen darüber, was da geschrieben steht, und ergänzt ein begonnenes Wort schon im Kopf, entsprechend dem Sinn, der ihm durch den Kontext klar wird. (In einem kleinen Text über das Leben auf dem Bauernhof ergänzt es das Wort »Futter« eventuell bereits nach den ersten zwei Buchstaben.) Auch wir Erwachsene machen das beim Lesen immer wieder. Wir können deshalb folgende falsch geschriebenen Wörter richtig lesen: MESNHECN MIT HMOUR SNID AHEGMNE UTHRETALENR.[7] Eigentlich reicht es uns, wenn wir den richtigen Anfangs- und Endbuchstaben sehen, selbst wenn dazwischen alle anderen Buchstaben dieses Wortes vertauscht sind.
   Lesen ist also nicht nur davon abhängig, dass etwas richtig geschrieben ist und somit von einem geschriebenen in einen gesprochenen Laut übersetzt werden kann, sondern bedarf auch der kreativen Denkleistung.

Es ist erstaunlich, wie schnell Kinder sprechen, schreiben und lesen lernen, alles innerhalb weniger Jahre. Schon nach rund sechs Jahren schließt in der Regel der Hauptteil der Sprachentwicklung ab. Noch bevor es eingeschult wird, hat ein Kind die gesamte Grammatik seiner Muttersprache (auch von zwei Sprachen) gelernt, kann sogar die Vergangenheitsformen bilden, sich mit Hilfe der Sprache

[7] War's schwer? Menschen mit Humor sind angenehme Unterhalter.

ausdrücken und andere verstehen. Es hat erste Schreibversuche getätigt, kann oft auch Buchstaben lesen und erkennt Symbole sowie seinen geschriebenen Namen. Allerdings machen Kinder in diesem Alter immer noch einige Fehler, die jedoch nicht besorgniserregend sind.

Wie erfolgreich ein Kind diese Jahre des Spracherwerbs durchläuft, wie gut es sprechen lernt, hängt einerseits von den Fähigkeiten ab, die es selbst mitbringt, und andererseits davon, ob es die gesprochene und geschriebene Sprache, d. h. die sprachlichen Strukturen, regelmäßig in seinem Alltag erlebt.[8] Erst im lebendigen Sprachalltag kann ein Kind durch seine eigenen Beobachtungen die Funktionsweise der Sprache erkennen und Sprache selbst aktiv ausprobieren.

Für uns Eltern heißt das, dass es nicht darum geht, bereits Vorschulkindern in einzelnen Unterrichtsstunden Sprache beizubringen, sondern ihnen eine kindgerechte und möglichst natürliche sprachanregende Umgebung anzubieten, in der sie ihre Sprechorgane trainieren und Sprache in ihrer Vielfalt erleben und ausprobieren können.

Dabei sollten wir beachten, dass der Spracherwerb auch von der körperlichen, psychosozialen, emotionalen sowie kognitiven Gesamtentwicklung eines Kindes beeinflusst wird. Die Sprachentwicklung ist somit ein multifaktoreller Prozess, der einerseits von den im Kind angelegten Möglichkeiten sowie andererseits von unterschiedlichsten Anregungen aus der Umwelt abhängt. (In späteren Kapiteln finden Sie konkrete Anregungen für den Spracherwerb und Hilfen bei Sprachproblemen.)

8 Friedrich Michael Dannenbauer: Zur Praxis der entwicklungsproximalen Intervention. In: H. Grimm und S. Weinert (Hrsg.): Intervention bei sprachgestörten Kindern. Voraussetzungen, Möglichkeiten und Grenzen. Stuttgart: Fischer 1994, S. 85.

Der Sprachbaum von Wolfgang Wendlandt[9] vermittelt ein schönes Bild über die kindliche Sprachentwicklung und das Zusammenwirken der vielen verschiedenen Einflussfaktoren und der kindlichen Entwicklungsbereiche.

Die verschiedenen *Wurzeln* stehen für all das, was ein Kind an angeborenen Fähigkeiten für den Spracherwerb mitbringt, die Hirnreifung, seine Wahrnehmung (hören, sehen, fühlen, riechen usw.), seine geistige Entwicklung (sein Verständnis für die und sein Wissen von der Welt, seine zunehmende Denkfähigkeit), seine sozial-emotionale Entwicklung (mit den eigenen Gefühlen umgehen, mit anderen in Kontakt treten usw.) sowie seine Bewegungen und das Bilden erster Töne (schreien, lallen).

Doch was nützen die Wurzeln bzw. die Informationen allein? Wie bei einem Baum muss das Wurzelgeflecht zusammenwirken, um nützlich zu sein, um also dem Kind eine Vorstellung von sich und der Welt zu ermöglichen. Damit ihm das Zusammenfügen der verschiedenen Wurzeln gelingt, braucht es eine besondere Fähigkeit, die wir »sensorische Integration« nennen.

Natürlich darf auch der *Nährboden* nicht fehlen, der hier für die Lebensumwelt des Kindes steht, die Gesellschaft sowie die Natur und Kultur.

Das *Licht* zum Wachsen symbolisiert die Liebe, Akzeptanz und Wärme in der Familie, das *Wasser* die tägliche Kommunikation und das Kommunikationsverhalten in der Umgebung des Kindes (Häufigkeit der Kommunikation, Blickkontakt, ausreden lassen, zuhören, Freude am Sprechen, Interesse dafür zeigen, was das Kind sagt, usw.).

9 Wolfgang Wendlandt: Sprachstörungen im Kindesalter. Stuttgart: Thieme 2000 oder im Internet unter: www. birgit-lange.de/inhalte/sbut/ratgeber/elternratgeber/sprachbaum.html

Die Familie *gießt* und *düngt* also den Sprachbaum, d.h., sie beeinflusst die Sprachentwicklung.

Alle diese Bereiche wirken sich auf die Sprache eines Kindes aus, auf seine Freude am und seine Aktivität beim Sprechen, auf sein Sprachverständnis und seine Sprachmotivation. Und auch die Sprachentwicklung ihrerseits nimmt wiederum Einfluss auf die anderen Entwicklungsbereiche – all dies hängt zusammen und bedingt sich gegenseitig: Ist die Sprachentwicklung eingeschränkt, hat das unmittelbar negative Auswirkungen auf die gesamte Entwicklung, wie auch Bewegungsmangel nicht nur die Sprachentwicklung, sondern die gesamte kindliche Entwicklung verzögert.

Sind z.B. einzelne Wurzeln nur schwach ausgeprägt, hemmt das die Sprachentwicklung, und dies wirkt sich negativ auf die emotional-soziale sowie die geistige Entwicklung aus, was wiederum eine negative Rückwirkung auf die Sprachentwicklung hat. Ein vergleichbarer Teufelskreis beginnt, wenn es an Sonnenlicht mangelt. Fehlt es dem Kind an Liebe, Akzeptanz und Geborgenheit, stockt die kindliche Sprachentwicklung, vielleicht verstummt das kleine Kind sogar.

Dass ein Kind Sprache gut lernt, ist also ein Ergebnis seiner positiven Gesamtentwicklung.

Diesem Sprachbaum fehlt einzig der Aspekt, dass Kinder nicht nur Umwelteinflüsse aufnehmen, sondern ihrerseits aktiv ihre Umwelt prägen. Jedes Kind ist anders und geht individuell mit einströmenden Umweltreizen um. Ein Kind mit einem labilen Nervenkostüm und einer erhöhten Herzfrequenz reagiert unruhiger auf Umweltreize als ein Kind mit starken Nerven und ruhigerer Herzfrequenz. Und das wiederum beeinflusst unser Elternverhalten. Wir reagieren auf ein Kind, das unruhig oder weinerlich oder bewegungsfreudig oder verträumt ist, selbstverständlich jeweils anders.

Auch daran wird deutlich, dass es kein Wunder ist, wenn die Sprachentwicklung nicht immer reibungslos verläuft. Bewundernswert ist, wie ausdauernd Kinder – trotz mancher Schwierigkeiten – bei der Sache bleiben. Wir Erwachsene beschweren uns viel eher, wenn wir etwas Neues lernen müssen, und geben auch viel schneller auf (»Das lerne ich ja doch nicht mehr …«). Warum also erwarten wir, dass ein Kind in seinen ersten Lebensjahren die Sprache problemlos lernt?

Seltsam und widersprüchlich benehmen wir uns oftmals, wenn wir kleine Kinder einerseits als hilflose und bedürftige Wesen behandeln, sie gar verwöhnen, und andererseits erwarten, dass sie neue Lern- und Entwicklungsschritte schnell und – bitte schön – problemlos machen: »Jetzt hab ich dir das schon zehnmal gesagt!« – »Das macht man so, stell dich doch nicht so an!« – »So blöd kann doch kein Mensch sein!« Das sind Sätze, die Kinder leider allzu häufig von Erwachsenen hören. Manche Eltern schubsen oder schlagen ihr Kind sogar, damit es endlich lernt, richtig zu sprechen, zu schwimmen, zu essen und was sonst noch. Dabei vergessen sie, wie schnell und wie viel Kinder täglich lernen – weitaus mehr als Erwachsene. Solche rabiaten Erziehungsformen hemmen jedoch die gesamte Entwicklung eines Kindes, statt sie zu fördern. Wenn Kinder etwas noch nicht können, liegt es in der Regel nicht daran, dass sie es nicht wollen, sondern dass sie noch Übung brauchen.

Doch bevor wir uns anschauen, was wir Erwachsene statt solcher negativer Erziehungsformen tun können, lassen Sie uns noch einmal zusammenfassen, wie die durchschnittliche kindliche Sprachentwicklung verläuft und welche möglichen Sprachstörungen auftreten können. Was lernt ein Kind sprachlich von seinem ersten Lebensmonat bis zu seinem sechsten Lebensjahr und wo können mögliche Störungen in der Sprachentwicklung auftreten?

Die durchschnittliche Sprachentwicklung und mögliche Störungen im Überblick

	Durchschnittliche Sprachentwicklung	**Hinweise auf Sprachprobleme**
1. Monat	schreit, interessiert sich für das Gesicht und die Stimme der Mutter	schreit nicht
2. Monat	lässt sich durch Ansprache beruhigen, qietscht, gurrt, lallt	lässt sich nicht bzw. ganz schwer beruhigen
3. Monat	reagiert auf Geräusche	reagiert nicht auf Geräusche
	schreit unterschiedlich, lässt Pausen zum Antworten, lächelt von sich aus	schreit stereotyp, immer gleich, lächelt nicht von sich aus
4. Monat	dreht den Kopf in Richtung eines Geräusches	zeigt keine Neugier hinsichtlich Geräuschen
	bildet erste Laute bzw. lautähnliche Geräusche	bildet keine Laute
6. Monat	wendet sich gezielt einem Geräusch zu	
	schließt den Mund, schluckt, kichert, macht Töne wie grr, oö, erre, eku	schlaffe, geöffnete Lippen, Schluckprobleme
	reagiert, wenn man seinen Namen ruft	keine Reaktion auf Zurufe und Geräusche
	ahmt Geräusche und Töne nach	ahmt keine Geräusche nach
	kombiniert Laute zu ersten Silben	hört auf zu plappern bzw. zu lallen
	»spricht« mit den Händen (streckt die Arme aus, wenn man es hochheben soll usw.)	schlaffe Körpermuskulatur, wenig Gestik

	Durchschnittliche Sprachentwicklung	Hinweise auf Sprachprobleme
12. Monat	ahmt etwa vier Silben und/oder kurze Wörter nach	spricht keine Silben und Wörter nach
	gibt Stimmungslaute von sich	gibt immer gleich klingende Silben von sich
	bewegt seine Zunge gezielt	hat Schwierigkeiten, seine Zunge gezielt zu bewegen
	reagiert auf Schimpfen und ein Nein	
	versteht kurze Sätze, reagiert auf kleine Aufträge (»hol deinen Teddy«)	versteht keine Aufträge bzw. Wörter
	»triangulärer Blickkontakt«	kein »triangulärer Blickkontakt«
	bringt Spielsachen/Gegenstände als Aufforderung zum Spielen benutzt Gesten (winkt usw.)	
18. Monat	sagt erste sinnvolle Wörter, kennt die Namen von Personen und die Bezeichnungen einiger Gegenstände	bildet stereotype Silben, aber keine Wörter
	versteht einfache Fragen und Aufforderungen	versteht keine Fragen oder Aufforderungen
	»unterhält« sich in Einwortsätzen	keine »Unterhaltung«
	hat Spaß an Reimen und Liedern	
	ahmt Tierstimmen nach	ahmt keine Tierstimmen nach, näselt
	nimmt Blickkontakt auf, wenn man mit ihm spricht	schaut einen nicht an, wenn man mit ihm spricht
2 Jahre	versteht etwa 50 Wörter – doch der Wortschatz nimmt jetzt explosionsartig zu	lernt kaum neue Wörter
	bildet Zweiwortsätze (»Ball haben«)	spricht nur einzelne Wörter oder spricht gar nicht
	benennt Tätigkeiten, Personen und Dinge	benennt keine Tätigkeiten, Personen oder Dinge

	Durchschnittliche Sprachentwicklung	Hinweise auf Sprachprobleme
2 Jahre	nennt sich selbst beim Vornamen	spricht wenig
	zeigt auf seine Körperteile benutzt erste Adjektive (»Lena hungrig« usw.) kann b, d, f, l, m, n, p, t, w richtig aussprechen stellt erste Fragen (»Was'n das?«)	
2½ Jahre	will sein Wissen erweitern, indem es Fragen stellt	stellt keine Fragen
	versteht Präpositionen wie »auf«, »unter« usw.	versteht keine Präpositionen
	eigene Wortkreationen (z. B. »hochzeiten« für heiraten)	fehlt ihm ein Wort, bricht es sein Reden ab, hat keine eigenen Wortideen
	bildet Dreiwortsätze	benutzt nur einzelne, höchstens zwei zusammenhängende Wörter
	Sätze werden entsprechend der Grammatik gebildet, z. T. mit Fehlern (»Leon fahrt Roller« statt »Leon fährt Roller«)	redet im Infinitiv (»Opa gehen«)
	spricht relativ verständlich, wenn auch noch einzelne Laute fehlen, vertauscht oder undeutlich ausgesprochen werden	seine Aussprache ist für Fremde nicht verständlich
	benutzt die Artikel »der«, »die«, »das«	benutzt keine Artikel
	versteht etwa 250 Wörter	versteht nur wenige Wörter
		die Sprachentwicklung bricht ab oder scheint rückwärts zu verlaufen
3 Jahre	benennt einige Körperteile	benennt keine Körperteile
	benennt Tätigkeiten auf einem Bild (»Hase isst Möhre«)	benennt kaum Tätigkeiten
	spricht mit der Puppe oder dem Stofftier	führt keine »Unterhaltungen«

	Durchschnittliche Sprachentwicklung	Hinweise auf Sprachprobleme
3 Jahre	versteht Gegensätze und Steigerungen (laut/leise; klein/kleiner/am kleinsten)	verwendet bzw. versteht kaum Adjektive
	versteht bis zu 1000 Wörter	geringes Wortverständnis
	kennt Zahlennamen, kann kleine Zahlenmengen (etwa bis 3) wahrnehmen, nennt Zahlenfolgen	kennt keine Zahlennamen
	versteht Doppelaufträge (»Hänge deine Jacke auf und ziehe deine Hausschuhe an.«)	
	zweites Fragealter (stellt Fragen mit wer, was, wann, wo, womit, warum)	stellt keine Fragen
	Artikulation von Anlauten wird immer deutlicher (Zischlaute und Phoneme wie pf usw. fallen oft noch schwer)	
	kennt einige Farbnamen	
4 Jahre	spricht alle Laute, hat evtl. noch Schwierigkeiten bei der Aussprache von sch, ng, rk und anderen Konsonantenverbindungen	spricht schwer verständlich, bildet einige Laute noch nicht oder vertauscht sie
	versteht viele Aufträge und Sachverhalte, vor allem aus seinem Lebensbereich	reagiert nicht richtig auf Aufträge, versteht Sachverhalte nicht
	versteht Fragen und antwortet in Sätzen	antwortet häufig nur mit ja, versteht viele Fragen nicht
	bildet vollständige Sätze mit 5 bis 6 Wörtern, auch Nebensätze	benutzt eher einzelne oder nur 2 Wörter, kann nicht bis 3 zählen
	benutzt auch Vergangenheitsform, macht evtl. noch Fehler bei unregelmäßigen Verben (»gegeht« statt »gegangen«)	macht viele Grammatikfehler, benutzt oft »machen« für die unterschiedlichsten Tätigkeiten (»Mama machen«)
	entwickelt erste »Kritzelschrift«	entwickelt keine Kritzelschrift

	Durchschnittliche Sprachentwicklung	Hinweise auf Sprachprobleme
4 Jahre	evtl. entwicklungsbedingtes Stottern (»du, du, du, weißt du …«) Sprache wird benutzt, um Spielsituationen zu schaffen (»Du bist der Tiger und ich die Prinzessin …«) Personen außerhalb der Familie verstehen etwa drei Viertel von dem, was das Kind sagt	
5 Jahre	erzählt komplexere Geschichten und Sachverhalte	spricht wenig, nur bruchstückhafte Wiedergabe von Sachverhalten
	versteht bis zu 8 000 Wörter	versteht nur wenige Wörter
	entdeckt Symbole, kann Formen und Farben unterscheiden und einige davon benennen	nimmt keine Symbole wahr, kann keine Formen und Farben unterscheiden
	kann bis 10 zählen kann telefonieren	kann nicht zählen
	kann erklären, wie ein Gegenstand gebraucht wird (»… ist zum Essen«)	beginnt zu stottern oder lispelt (noch)
6 Jahre	kann alle Laute richtig sprechen	kann manche Laute nicht bilden oder vertauscht sie noch
	spricht grammtikalisch weitgehend richtig	macht viele Grammatikfehler (»das du machen«)
	versteht Sachverhalte und beherrscht den Grundwortschatz	benutzt Wörter falsch (z. B. »Mama« für alle Frauen oder das Fahrrad »geht«)
	stellt Fragen, auch in konkreten Sachgebieten	fragt selten
	spricht von sich aus auch Fremde an	ist schweigsam
	kann Oberbegriffe bilden	
	hat eine Vorstellung von Vergangenheit, Gegenwart und Zukunft	

Wenn ein Kind zweisprachig aufwächst

Viele Kinder werden – nicht nur in Deutschland – zwei- bzw. mehrsprachig groß, und es stellt sich die Frage, ob bzw. inwiefern sich ihr Spracherwerb von Kindern, die einsprachig aufwachsen, unterscheidet.

Zwei- und Mehrsprachigkeit ist keine Seltenheit: Alleine in Deutschland leben schätzungsweise über zehn Millionen zwei- bzw. mehrsprachige Menschen.

Manche Kinder wachsen von Anfang an mit zwei Sprachen auf, weil jeder Elternteil eine andere Muttersprache hat. Diese Zweisprachigkeit nennt man »bilingualen Erstspracherwerb« bzw. »simultane Zweisprachigkeit«.

Daneben gibt es Kinder, die zuerst ihre Muttersprache, z. B. Türkisch, Griechisch oder Russisch, lernen und im Kindergartenalter dann als Zweitsprache Deutsch. Hier sprechen wir von »sukzessiver Zweisprachigkeit« bzw. »Zweitspracherwerb«. Diese Kinder müssen einiges leisten, um die unterschiedlichen Sprachkonzepte zu lernen. Im Türkischen z. B. werden Wörter und Sätze anders gebildet als im Deutschen. Und manche deutsche Laute, darunter Umlaute (ä, ö, ü) oder Doppellaute (au, ei, eu usw.), sind in anderen Sprachen unbekannt. Ebenso lernen mittlerweile auch viele deutschsprachige Kinder bereits im Kindergarten eine Fremd-, also Zweitsprache.

Mehrsprachig aufzuwachsen bedeutet also für das Kind, dass es eine ganze Reihe unterschiedlicher Formen und Regeln beherrschen muss. Und je nach Familiensituation und -typ sind zahlreiche Kombinationen von Sprachumgebungen möglich, darunter leichtere und schwierigere:

- Jeder Elternteil spricht zu Hause relativ konsequent in seiner Muttersprache.
- Ein Elternteil spricht Deutsch, der andere eine andere Sprache.
- Zu Hause wird nicht Deutsch gesprochen. Deutsch hört das Kind außerhalb der Familie.
- Zu Hause werden mehr als zwei Sprachen (gleichberechtigt nebeneinander) gesprochen, z. B. Englisch, Dänisch und Deutsch.
- Zu Hause ist Deutsch die Familiensprache, obwohl für einen Elternteil Deutsch nicht die Muttersprache ist.
- Beide Eltern sprechen in einem Mix aus Sprachen mit dem Kind, d. h., in einem Satz werden zwei oder mehrere Sprachen benutzt.
- Die Eltern sprechen Deutsch, in der Kita oder Schule werden zwei Sprachen gesprochen.
- Die verschiedenen Muttersprachen der Eltern gehen auf denselben Sprachstamm zurück und haben deshalb Ähnlichkeiten (Italienisch und Französisch, Russisch und Polnisch).
- Die verschiedenen Sprachen, die zu Hause gesprochen werden, sind sehr unterschiedlich (Japanisch und Deutsch).

Angesichts dieser zahlreichen Varianten ist jede Mehrsprachigkeit (wie auch jeder Spracherwerb) einzigartig und von vielen Faktoren abhängig. Bei manchen Kindern sind die Umstände des Spracherwerbs günstig und bei anderen nicht.

In mehreren Sprachen aufzuwachsen ist vergleichbar mit dem Besteigen eines Berges:[10] Die einen müssen über

[10] ein Vergleich von Elke Montanari: Mit zwei Sprachen groß werden. München: Kösel Verlag 2005.

Steine und unwegsames Gelände klettern, die anderen erreichen den Gipfel über eine Straße viel schneller und bequemer. (Doch wir bewundern die Kletterer ja gerade dafür, dass sie die deutlich größeren Herausforderungen meistern.)

Lange Zeit bestand das Vorurteil, dass, wer von klein auf mehrere Sprachen lernt, keine Sprache richtig lernt. Oft wird sogar vermutet, dass Zweisprachigkeit Ursache für Sprachentwicklungsstörungen sei. Doch die Sprachforschung hat dieses Vorurteil mittlerweile widerlegt.[11] Kinder, die zweisprachig groß werden, zeigen nicht häufiger – allerdings auch nicht seltener – Sprachschwierigkeiten als einsprachig aufwachsende Kinder. Neuere Studien führen sogar an, dass Mehrsprachigkeit Kinder »schlau macht«.[12]

Man kann keine eindeutige Aussage darüber treffen, welche Familiensituation den Mehrsprachenerwerb fördert. Egal, welchem mehrsprachigen Familientyp Sie sich zuordnen würden, es gilt als hilfreich, wenn für das mehrsprachig aufwachsende Kind im Sprachalltag relativ eindeutige Regeln erkennbar sind.

So kann eine Regel sein, dass jeder Elternteil in nur einer Sprache (normalerweise in seiner Muttersprache) mit dem Kind spricht. Der aus der Türkei stammende Vater z. B. spricht mit dem Kind Türkisch, und die Mutter aus Deutschland spricht mit ihm Deutsch, ohne dass die Eltern die Sprachen mischen. Bei dieser Vorgehensweise verstehen Kinder schneller, wo eine Sprache jeweils anfängt und aufhört. Allerdings sollten auch beide Eltern mit dem Kind in einem Haushalt zusammenleben, und jeder sollte viel Zeit mit dem Kind verbringen.

[11] Uta Hellrung, a. a. O., S. 50.
[12] s. z. B. auch in der Zeitschrift Gehirn & Geist, Nr. 6/2006, S. 54 f.

Eine gleich gute Variante kann sein, dass man in einer mehrsprachigen Familie eine gemeinsame Familiensprache wählt und eine weitere Sprache für die Umgebung außerhalb, für den Kindergarten, die Schule, die Arbeit usw.

Spricht weder der Vater noch die Mutter Deutsch (haben also beide eine andere Muttersprache als ihre Umgebung), ist es für das Kind meist besser, wenn beide Eltern mit ihrem Kind in ihrer jeweiligen Muttersprache sprechen, auch wenn sie in Deutschland leben und wollen, dass ihr Kind Deutsch lernt. Es ist nicht so wichtig, welche Erstsprache ein Kind lernt, sondern dass es sie gut lernt. Spricht es gerne und begeistert in seiner Muttersprache, wird es auch begeistert eine Zweitsprache lernen.

Wollen nichtdeutschsprachige Eltern ihr Kind dabei unterstützen, Deutsch zu lernen, können sie Kontakt zu Deutschen suchen, die ihnen freundlich begegnen, und so der deutschen Sprache eine angenehme, emotional positive Färbung verleihen. Wenn ihre Kinder darüber hinaus häufig mit deutschen Kindern spielen (auf dem Spielplatz, im Kindergarten, mit Nachbarskindern usw.), haben sie viele Gelegenheiten, die deutsche Sprache in Alltagssituationen zu erlernen. Wenn sie während des Spiels ein bestimmtes Wort suchen, können sie direkt nachfragen: »Wie heißt das?«

Neben den speziellen Sprachregeln, die innerhalb einer Familie gelten sollten, ist es für alle Kinder, die mehrsprachig aufwachsen, wichtig, dass man ihnen Zeit und Geduld entgegenbringt und zu Hause sowie im Kindergarten gute Sprachanregungen bietet. Dazu gehört in erster Linie, dass alle in der Familie gerne und oft miteinander reden und sich in ihrer Sprache wohlfühlen. Das sind die besten Voraussetzungen, dass kleine Kinder ohne Schwierigkeiten zwei Sprachen erlernen. Sie profitieren dann sogar von der Mehrsprachigkeit in der Familie, da das in der einen Sprache gelernte Konzept und die Sprachstrukturen auch für die zweite Sprache zur Verfügung stehen.

Trotz familiärer Unterschiede entwickeln mehrsprachige Kinder – egal, welche Familiensprache sie haben – bestimmte Strategien, die ihnen den Umgang mit der zweiten Sprache erleichtern. Sie bestehen in einer Art Experimentierphase. Wie beim Spracherwerb selbst treten auch hier zeitweilig entwicklungsbedingte, typische Fehler auf, die noch keine Anzeichen für Sprachprobleme sind. Solche Strategien sind z. B.:

- Zu Beginn lernen mehrsprachig aufwachsende Kinder erst einmal die Wörter, die sie unbedingt zur Verständigung brauchen.
- Die Artikel lassen sie oft über längere Zeit weg oder benutzen nur einen Artikel (*die* Mutter, *die* Vater, *die* Kind).
- Sie mischen manchmal die Sprachen und benutzen beispielsweise ein Wort aus der Muttersprache, wenn sie es in der anderen Sprache noch nicht kennen.
- Erst einmal lassen sie Funktionswörter wie z. B. Präpositionen (mit, auf, in) und Konjunktionen (und, oder) weg.
- Stattdessen verwenden sie häufiger Nomen (Hund), Verben (bellen) und Adjektive (laut).
- Sie bilden anfangs sehr selten die Mehrzahl: ein Hund, viele Hund.
- Auch die Zeitformen verwenden sie öfter etwas später: »die Hund bellen« anstatt »der Hund bellte«.
- Sie umschreiben oder verneinen etwas: »Achmed nicht laut« anstatt »Achmed ist leise«.

- Oder sie benutzen ähnliche Wörter: »Deine Haare sind klein.« Was heißen soll: »Deine Haare sind kurz.«
- Auch mehrsprachige Kinder übertragen – wie wir es generell während des Spracherwerbs bei Kindern beobachten können – eine neu entdeckte Regel erst einmal auf alles, selbst wenn sie nicht zutrifft: »lachen« – »gelachen«, »singen« – »gesingt« oder »am vielsten« statt »am meisten«.
- Sie bilden Sätze in der Reihenfolge, wie sie es von ihrer Muttersprache her kennen: Im Französischen, Spanischen usw. wird die Verneinung z. B. an den Satzanfang gestellt, bei uns jedoch nicht (»Je ne veux pas …« – »Nicht ich will …«).

Stolpersteine in der Sprachentwicklung: Welche Sprachprobleme können auftreten?

Neben den entwicklungsbedingten Sprachfehlern gibt es eine Reihe von Sprachstörungen. In der Fachwelt werden zwei Formen von Sprachstörungen unterschieden, die sogenannte Sprachentwicklungsverzögerung (SEV) und die Sprachentwicklungsbehinderung (SEB). Von einer Sprachentwicklungsverzögerung sprechen wir, wenn ein Kind der durchschnittlichen Sprachentwicklung hinterherhinkt. Hier geht man davon aus, dass die Sprachmängel bzw. die nicht mehr altersgerechten Sprachfehler des Kindes mit einer gezielten Förderung innerhalb einer relativ kurzen Zeitspanne abgebaut werden können. Zeigt ein Kind jedoch sprachliche Probleme, die auf eine gravierende Ursache zurückzuführen sind und nicht innerhalb kurzer Zeit weitestgehend behoben werden können, spricht man von einer Sprachentwicklungsbehinderung. Folgende Merkmale sind dann zu beobachten:

- Ein Kind mit zwei Jahren spricht nicht mehr als zehn sinnvolle Wörter.
- Ein Kind versteht die Wörter anderer nicht, was daran festzustellen ist, dass es z. B. Aufträge nicht ausführt.
- Ein Kind benutzt stereotyp gleiche, oft unverständliche Laute (Alalie).
- Ein Kind kommt mit zunehmendem Alter nicht über Zwei-Wort-Sätze hinaus.

Die nun folgenden Beschreibungen von Sprachstörungen ersetzen keine fachliche Beratung, sie wollen Ihnen lediglich einen Überblick über einige Symptomatiken geben und einige beobachtbare Ursachen näher benennen. Auch wenn hier der Übersichtlichkeit wegen verschiedene Sprachstörungen getrennt voneinander beschrieben werden, so sind ihre Übergänge doch meistens fließend und eng mit anderen Entwicklungsverzögerungen verknüpft.

Alalie

Mit Alalie ist gemeint, dass ein Kind keine Laute bilden kann.

Wenn ein Kind zwar Töne (z. B. beim Schreien) von sich gibt, aber keine Laute bildet oder mit etwa einem halben Jahr aufhört zu lallen oder wenn es gar nicht zu sprechen beginnt, dann sollte unbedingt ein Arzt/eine Ärztin aufgesucht werden, der/die überprüft, ob eine schwerwiegende Hörstörung vorliegt.

Dyslalie

Wenn ein Kind mit zunehmendem Alter einzelne oder mehrere Laute gar nicht oder falsch bildet oder wenn es die Laute untereinander vertauscht, spricht man von Dyslalie oder Stammeln.

Zu Beginn seiner Sprachentwicklung stammelt jedes Kind. Wird ein Kind jedoch bei Eintritt in den Kindergarten von Erwachsenen bzw. von anderen Kindern nicht verstanden oder ersetzt es mit fünf Jahren z. B. noch das k durch das t, dann braucht es gezielte fachliche Hilfe.

Es gibt unterschiedliche Arten des Stammelns, auch wenn sich für uns Laien das Stammeln bei Kindern gleich anhört.

Manche Kinder können bestimmte Laute zwar nicht bilden, hören aber den Sprachfehler bei anderen. Sie selbst sagen z. B. »Metterling« statt »Schmetterling«, protestieren jedoch, wenn ein anderer auf einen Schmetterling zeigt und »Metterling« dazu sagt: »Nein, das ist doch ein Metterling!« Das Kind ist also der Meinung, dass es »Schmetterling« richtig ausspricht, doch es hat Probleme, den sch-Laut zu artikulieren. Oft sind diese Kinder in ihren Bewegungen insgesamt etwas ungeschickt. Hier hilft es, die gesamte Motorik des Kindes zu schulen, u. a. durch Rhythmikübungen und Übungen zur Förderung der Handgeschicklichkeit (s. die Übungsvorschläge auf S. 140 ff.).

Andere Kinder können die meisten Laute zwar richtig aussprechen, setzen sie jedoch an die falsche Stelle und sind deshalb für die anderen schwer verständlich (»Loen« statt »Leon«).

Wieder andere stammeln, indem sie in einem Wort Laute oder auch ganze Silben auslassen: »Bille« statt »Brille«, »Bume« statt »Blume«, »Aus« statt »Haus«, »Und« statt »rund«, »Ronika« statt »Veronika« oder »Fant« statt »Elefant« usw.

Einige Kinder machen Fehlbildungen, sie lispeln z. B. das s. Die s-Laute (s, sch, x, z) sind auch die schwierigsten Laute im Deutschen, und das s ist zudem einer der häufigsten. Manche Kinder sprechen s auch als d oder als f, sch als s oder als ch, r als l: »Donne« statt »Sonne«, »Sule« statt »Schule«.

Und einige Kinder vertauschen Konsonanten: Da wird z. B. aus dem st ein d oder aus dem t ein g: »Gummidiefel« statt »Gummistiefel«, »Gasche« statt »Tasche«. Bitten wir ein Kind, das k und t vertauscht, aus zwei Bildern, die jeweils einen Kopf und einen Topf zeigen, das Bild mit dem Kopf herauszusuchen, wird es vermutlich auf das Bild mit dem Topf deuten. Es hat Probleme, diese beiden Laute zu unterscheiden. Durch gezielte spielerische Gehörübungen (s. hierzu auch die Übungsvorschläge auf S. 151 ff.) kann das Kind jedoch diese Unterscheidung lernen.

Es gibt Kinder, die nur einen oder zwei Laute nicht bilden können oder falsch bilden. Solche Art des Stammelns, zu dem auch das Lispeln zählt, wird als *partielles Stammeln* bezeichnet. Es lässt sich in der Regel durch kürzeres gezieltes Üben beheben.

Dagegen bilden manche Kinder unterschiedlichste Laute falsch oder vertauschen sie, sodass sie nur sehr schlecht zu verstehen sind. Bei diesem *multiplen Stammeln* sollte u. a. eine ärztliche Untersuchung unbedingt abklären, ob es durch organische Erkrankungen bedingt ist.

Kann ein Kind fast keinen Laut richtig bilden und ist es – auch für seine Eltern – so gut wie gar nicht zu verstehen, dann sprechen wir von *universellem Stammeln*. Hier muss das Kind dringend fachliche Hilfe erhalten, der eine fundierte Untersuchung der möglichen Ursachen vorausgeht. Ein paar spielerische Übungen können hier keine Abhilfe schaffen.

Für das Lispeln, das gerade beim Erwerb der deutschen Sprache besonders häufig vorkommt, gibt es einen eigenen Fachbegriff, obwohl es eigentlich eine spezielle Form der Dyslalie ist: Wir nennen das länger anhaltende Lispeln auch *Sigmatismus*[13]. Kinder, die lispeln, schieben bei der Bildung des s-Lauts die Zunge zu weit zwischen die Zähne, was einen Zischlaut verursacht (dentaler Sigmatismus). Das klingt dann wie das englische stimmlose th. Bis etwa zum dritten Lebensjahr ist dieses Lispeln entwicklungs-

[13] nach dem griechischen Wort »Sigma« für S

gemäß, fünfjährige Kinder sollten jedoch den s- wie auch den sch-Laut richtig aussprechen können.

Bei manchen Kindern klingt der s-Laut ähnlich wie ein ch, weil sie die Zunge zu breit ziehen, sodass die Luft rechts und links seitlich der Zunge zischend herausströmt.

Bei der Dyslalie können wie bei der Alalie Hörstörungen die Ursache sein, aber auch andere organische Störungen.

Oft ist zu beobachten, dass Kinder mit einer ausgeprägten Dyslalie Probleme haben, Geräusche zu behalten. Ihre akustische Merkfähigkeit ist eingeschränkt, obwohl ihr Gehör in Ordnung ist. Es fällt ihnen beispielsweise schwer, Töne wiederzugeben oder kleine Reime im Gedächtnis zu behalten. Und sie fühlen sich schnell durch zu viele Geräusche gleichzeitig um sie herum gestört.

Doch auch andere Wahrnehmungsstörungen können ein Kind daran hindern, seine vielen Eindrücke richtig einzuordnen und zu behalten, sodass seine Sprachentwicklung eingeschränkt wird. Erkennen können wir das daran, dass ein Kind z. B. Farben nicht unterscheiden lernt, nicht zu zählen beginnt oder Gegenstände, die sich gleich anfühlen, nicht tastend zuordnen kann.

Da – wie wir bereits sehen konnten – Kinder entwicklungsbedingt bis ins fünfte Lebensjahr hinein noch Laute vertauschen oder Konsonantenverbindungen reduzieren, sei hier noch einmal kurz zusammengefasst, bis in welches Alter hinein solche phonologischen Prozesse als normal gelten:

- Bis ca. 2 1/2 Jahre: Das r wird durch ein h ersetzt (»Holler« statt »Roller«).
- Bis ca. 3 1/2 Jahre: k, g, ng werden durch t, d und n ersetzt (»Tanne« statt »Kanne«; »doß« statt »groß«; »Rinn« statt »Ring«).

- Bis ca. 4 1/2 Jahre: Konsonantenverbindungen werden gekürzt (»Nee« statt »Schnee«), ch wird zu sch oder s (»is« statt »ich«), sch wird zu s (»Snecke« statt »Schnecke«).

Damit Kinder im Kindergarten alle Laute richtig bilden können und auch die Regeln unseres Lautsystems lernen, ist es vor allem wichtig, dass sie häufig und immer wieder richtig artikulierte Wörter hören und nachahmen.

Dysgrammatismus

Dysgrammatismus liegt vor, wenn Kinder Wörter oder Satzteile auslassen oder Sätze falsch bilden. Er ist oft verbunden mit einem eingeschränkten Wortschatz.

Manchmal tritt der Dysgrammatismus alleine auf – die Kinder sprechen die Laute also richtig aus –, doch häufig stammeln Kinder mit Dysgrammatismus auch. Selbst wenn nach einiger Zeit das Stammeln überwunden wird, kann der Dysgrammatismus bleiben. Bis zum vierten Lebensjahr ist es entwicklungstypisch, dass Kinder einen Sprachinhalt noch nicht in die richtige grammatische Form bringen. Bleibt der Dysgrammatismus jedoch über das vierte Lebensjahr hinaus bestehen, sollte das Kind unbedingt fachliche Hilfe bekommen.

Bei einem Kind, das sukzessive[14] zweisprachig aufwächst, sind Grammatikfehler in der zweiten Sprache bis zum Eintritt in die Grundschule nicht besorgniserregend.

Leider nimmt die Zahl von Kindern mit einer Sprach-

[14] s. S. 55.

entwicklungsverzögerung in Form eines Dysgrammatismus immer mehr zu. Das liegt allerdings nicht daran, dass diese Kinder zweisprachig aufwachsen, wie oft vermutet wird, sondern die Ursache dafür ist meistens eine Wahrnehmungsstörung. Das dysgrammatisch sprechende Kind versteht zwar meistens inhaltlich, was gesagt wird, kann sich jedoch den Wortlaut und den Satzbau nicht richtig merken.

Damit ein Kind sich Wörter und deren Reihenfolge im Satz besser einprägen kann, braucht es u. a. eine gute auditive Wahrnehmung und Merkfähigkeit. Um diese zu fördern, sollten die einzelnen Sinne des Kindes geschult werden (s. hierzu beispielhaft einige Sinnesübungen auf S. 141 ff.). Das fördert die Wahrnehmung und Merkfähigkeit eines Kindes besser, als wenn es mehreren Sinneseindrücken gleichzeitig ausgesetzt ist.

Am Beispiel des Fernsehens lässt sich das verdeutlichen: Beim Fernsehen gewöhnt sich ein Kind schnell daran, dass zu dem, was es hört, auch ein Bild erscheint. Seine Merkfähigkeit »funktioniert« also erst dann, wenn es nicht nur etwas hört, sondern gleichzeitig auch etwas sieht. Manchen Kindern fällt es dann schwer, die gesprochene Sprache oder auch die Musik, die nur zu hören, nicht aber zu sehen ist, zu behalten.

Der Dysgrammatismus kann zu unterschiedlichen Fehlern führen:

Ein zu beobachtender Grammatikfehler besteht darin, dass ein Kind *Wörter oder Satzteile weglässt*. Oft fehlen dabei die Hilfszeitwörter: »Ich gesagt« statt »Ich habe gesagt«. »Ich Hunger« statt »Ich habe Hunger«. Oder es fehlen die Tätigkeitswörter: »Mama Hause« anstatt »Die Mama ist zu Hause«.

Eine andere Art des Dysgrammatismus besteht, wenn

ein Kind am Ende seiner Kindergartenzeit noch *fehlerhafte Formen* verwendet, z. B. bei der Bildung der Mehrzahl: »Die Tigers sind groß« statt »Die Tiger sind groß«. Oder indem es eine Regel übergeneralisiert: »gefliegt« statt »geflogen«. Oder indem es den Infinitiv statt der entsprechenden Konjugation (gebeugten Form) benutzt: »Lena spielen« statt »Lena spielt«.

Auch ein *eingeschränkter Wortschatz* kann auf einen Dysgrammatismus hindeuten. So z. B. wenn ein fünfjähriges Kind noch kein »ich« im Satz benutzt: »Leon müde« statt »Ich bin müde«.

Dysgrammatismus liegt ebenso vor, wenn ein älteres Kindergartenkind noch die *Kleinkindsprache* verwendet und zur Katze »Miau« sagt oder »Muh tintin« statt »Die Kuh trinkt«.

Des Weiteren findet ein dysgrammatisch sprechendes Kind *keine Oberbegriffe*, z. B. kann es Äpfel, Birnen und Bananen nicht mit dem Begriff »Obst« zusammenfassen.

Auch fällt es manchen älteren Kindergartenkindern schwer, *Personen oder Dinge zu differenzieren*: Da sind dann beispielsweise alle Tiere Hunde, alle Männer Papas und alle Frauen Mamas.

Eine weitere Art des Dysgrammatismus besteht darin, dass Kinder *Sätze falsch bauen*, sodass ein Wort an der falschen Stelle steht: »Papa nicht das machen« statt »Papa macht das nicht«. Oder »Das Haus groß ist« statt »Das Haus ist groß«. Oder eine Frage wird genauso gebildet wie ein normaler Satz bzw. das Hilfsverb wird ausgelassen: »Ich Banane haben?« statt »Darf ich die Banane haben?«

Sicher ist es kein schwerwiegendes Sprachproblem, wenn ein Kind bei Schuleintritt hier und da noch Grammatikfehler macht, da die deutsche Grammatik kompliziert ist und es viele Ausnahmen von der Regel gibt. Bildet also ein größeres Kindergartenkind einen längeren Satz, der grammatikalisch grundsätzlich richtig ist, jedoch eine falsche Zeitform oder ein falsch konjugiertes Verb beinhaltet, ist das nicht behandlungsbedürftig (»Papa ist mit mir von der Schule hierher gefahrt«).

Spricht jedoch ein fünfjähriges Kind noch in einer Kleinkindsprache und benutzt nach wie vor seinen eigenen Namen statt die Ich-Form: »Mirta heia« statt »Ich (Mirka) gehe schlafen«, dann liegt eine Sprachentwicklungsverzögerung vor und das Kind benötigt intensive professionelle Hilfe.

Stottern

Stottern ist eine Blockade im Redefluss. Solche Blockaden zeigen sich durch Wiederholungen (»mein B-B-B-Bilderbuch«) oder Dehnungen (»Mmmmmama«) oder eine zu lange Pause (»Ich k—komme«). Das Stottern – übrigens auch bei etwa einem Prozent der Erwachsenen zu finden – ist vermutlich ein besonders bedrückendes Sprachleiden, für die Kinder wie für die Eltern.

An der Entstehung des Stotterns sind immer mehrere Faktoren beteiligt, jedoch sind seine Ursachen bis heute nicht hinreichend geklärt. So stimmt es zwar, dass z. B. ein Schreckerlebnis bei einem Kind (wie auch bei einem Erwachsenen) Stottern hervorrufen kann, jedoch hat der Schreck das Stottern nur ausgelöst und ist nicht die eigentliche Ursache. Das heißt, es liegt bei einem Kind immer auch eine körperliche Disposition für Stottern vor, die durch psychische Faktoren ergänzt wird.

Meistens tritt das Stottern zwischen dem 3. und 5. Lebensjahr, bei der Einschulung und manchmal auch während der Pubertät auf – im Erwachsenenalter eigentlich nie erstmalig. Häufig verliert sich das entwicklungsbedingte Stottern im Vorschulalter auch wieder, doch manchmal ist es der Beginn einer langwierigen Sprachstörung.

Das entwicklungsbedingte Stottern beginnt meistens damit, dass ein Kind ganze Wörter oder Satzteile wiederholt statt nur Buchstaben: »Ich will, ich will, ich will nach, nach, nach Hause.«

Wir unterscheiden das *wechselhafte*, das *chronische* und das *tonische Stottern*: Beim *wechselhaften Stottern* stottert ein Kind nur phasenweise, also an manchen Tagen und an anderen Tagen nicht. Sind die »Stotterpausen« häufiger, wird sich das Stottern vermutlich wieder verlieren.

Beim *chronischen Stottern* hingegen werden die Anfangsbuchstaben eines Wortes lange gedehnt. Wenn ein Kind vor dem Sprechen angestrengt und mit offenem Mund kämpft, um überhaupt den ersten Ton herauszubekommen, und wenn dieses Ringen eventuell noch von krampfartigen Bewegungen begleitet ist, dann sollte unbedingt eine Fachmeinung eingeholt werden.

Es gibt mehrere Möglichkeiten, um festzustellen, ob ein Kind chronisch stottert: Je mehr der nachfolgenden Kriterien bei Ihrem Kind anzutreffen sind, desto wahrscheinlicher handelt es sich um ein längerfristiges Stottern.

Zum einen lässt sich die *Häufigkeit der Sprechunflüssigkeit* beobachten:

- Werden mindestens drei Spracheinheiten wiederholt? »K-K-K-Kannst du mal k-k-k-kommen? Oder »Gehen wir nach Ha-Ha-Ha-Hause?«
- Treten solche deutlichen Wiederholungen bei mehr als zwei Wörtern von 100 Wörtern auf?

Da Eltern nur grob einschätzen können, ob ihr Kind wirklich bei mehr als zwei von 100 Wörtern stockt (wer zählt schon die gesprochenen Wörter seines Kindes?), sind sie besser beraten, eine Sprechanalyse bei einer Fachperson machen zu lassen, anstatt sich durch zu große Sorgen in ihrer Wahrnehmung zu täuschen.

Zum anderen lässt sich die *Art und Weise der Sprechunflüssigkeit* beobachten:

- Ist beim Sprechen des Kindes ein Anstieg der Lautstärke hörbar?
- Steigt die Tonhöhe an?
- Ist das Kind, nachdem es etwas erzählt hat, ganz außer Atem? Oder atmet es, bevor es zu sprechen beginnt, deutlich aus, sodass es nur mit einem Rest an Luft spricht?
- Spricht das Kind mit kratziger, gepresster oder heiser klingender Stimme?
- Dehnt es Wörter länger als eine Sekunde? Sagt es z. B. »mmmmmein Bbbbball«?
- Ist es beim Sprechen in einem Wort blockiert? »Ich k—komme.«
- Bricht es eine Dehnung plötzlich ab? »Mmmmm—orgen spiele ich.«
- Beginnt es ein Wort stockend mit einer anderen Silbe? »Te-Te-Te-Tiger.«

Zusätzlich zeigen viele Kinder mit beginnendem chronischem Stottern veränderte Verhaltensweisen, da sie erleben, dass andere sie auslachen, unterbrechen und verbessern oder dass sie ausgeschimpft werden, wenn sie tottern. So wirken viele Kinder, die stottern, beim Sprechen angespannt, erröten oder haben Schweißausbrüche, verstecken ihren Mund hinter der Hand, reden leise und nuschelig, versuchen, sich nichtsprachlich zu behelfen, und wirken oft eher schüchtern, gehemmt und verschlossen.

Manche Kinder bekommen sogar keinen einzigen Ton heraus – es gelingt überhaupt nur durch sehr starkes Pressen. Teilweise stampfen sie dann mit dem Fuß auf oder verdrehen die Augen bzw. drehen den Kopf hin und her. Auch das zählt zum Stottern. Es wird *tonisches Stottern* genannt.

Poltern

Auf den ersten Blick hat das Poltern Ähnlichkeit mit dem Stottern, da polternde Kinder beim Sprechen ebenfalls stocken. Während sie überstürzt und hastig sprechen, verschlucken oder zerreißen sie Laute, Silben und ganze Satzteile. Polternde Kinder machen zwischen den einzelnen Wörtern kaum Pausen, und Konsonantenverbindungen werden häufig auf einen Konsonanten reduziert, sodass z. B. aus einem »Band« ein »Bad« wird oder aus der »Tulpe« eine »Tupe«.

Da die Bewegungen polternder Kinder nicht mit ihrer Atmung koordiniert sind, hören sich ihre Wörter verwaschen und unverständlich an. Einem polternden Kind gelingt es nicht, seine vielen Gedanken und Gefühle beim Sprechen zu ordnen. Daher setzt es immer wieder neu an und korrigiert sich häufig, seine Sätze sind daher selten logisch aufgebaut.

Während stotternde Kinder ihr Stottern bemerken, fällt einem polternden Kind sein Poltern nicht auf. Oft sind polternde Kinder aufbrausend und nervös. Im Gegensatz zu den meist schüchtern wirkenden Stotterern sind sie eher extrovertiert und mitteilsam, häufiger auch aggressiv.

Und während sie einerseits sehr intelligent sind, sind sie andererseits oft unmusikalisch und besitzen kaum ein Gefühl für Rhythmus.

Trotz mancher Ähnlichkeit mit stotternden Kindern kann das, was für ein stotterndes Kind hilfreich ist, einem polternden Kind gerade schaden. Deshalb sollte unbedingt eine Fachperson klären, um welche Sprachschwierigkeit es sich handelt. Während es einem polternden Kind guttut, seine Aufmerksamkeit auf seine Artikulation zu lenken, schadet genau das dem stotternden Kind. Ebenso hilft es dem polternden Kind, wenn es das zu schnell Gesprochene noch einmal wiederholt, was einem Stotterer jedoch zum Verhängnis würde. Und einem polternden Kind fällt es leichter als dem stotternden Kind, kurze Fragen und Sätze zu formulieren.

Allerdings sollte man auch ein polterndes Kind nicht ständig kritisieren und ermahnen, langsamer zu sprechen. Das ständige »Sprich langsam!« verunsichert es und kann sogar dazu führen, dass sich das Poltern nicht nur nicht legt, sondern dass es dann auch noch zu stottern beginnt.

Näseln

Das Näseln (die Rhinophonie) bezeichnet Veränderungen des Stimmklanges. Näselnde Kinder lassen beim Sprechen zu viel oder aber zu wenig Luft durch die Nase ausströmen. Allerdings sind Kinder, die näseln, in der Regel gut zu verstehen. Im Kindergarten und spätestens in der Schule fallen sie jedoch mit ihrer Aussprache auf und werden eventuell gehänselt und ausgelacht.

Es lassen sich zwei Hauptformen des Näselns unterscheiden:

1. *Das offene Näseln*: Das Kind spricht alle Laute durch die Nase.
   Das offene Näseln tritt bei Kindern auf, die ein schlaffes oder gelähmtes Gaumensegel haben. Ursache ist oft eine angeborene Lippen-, Kiefer- und/oder Gaumenspalte. Manchmal tritt es auch nach einer Mandel- bzw. Gaumenoperation auf, wenn die Kinder längere Zeit ihren Mund- und Rachenraum beim Sprechen schonen.
   Das Gaumensegel ist normalerweise beim Sprechen aktiv. Es befindet sich hinten in der Mundhöhle und hat als muskuläre Wand die Aufgabe, die Mundhöhle vom Nasenrachenraum abzugrenzen. Diese Trennung ist z. B. beim Schlucken und Saugen notwendig.
   Für die Aussprache der meisten deutschen Laute wird der Nasenrachenraum durch das Gaumensegel fast ganz abgeschlossen. Nur bei den Lauten m, g und ng fließt die Luft auch durch die Nase heraus, d. h., hier bleibt der Nasenrachenraum geöffnet.
   Die Vokale a, e, i, o, u hören sich bei einem näselnden Kind an, als spreche es französisch.
2. *Das geschlossene Näseln*: Das Kind spricht, als hätte es Schnupfen.
   Geschlossenes Näseln liegt vor, wenn beim Sprechen gar keine Luft durch die Nase strömt, der Nasenrachenraum nicht als Resonanzraum genutzt wird. Die Kinder sprechen dann, als hätten sie Schnupfen, ihre Stimme hört sich gedämpfter an. Häufig haben sie aufgrund von Polypen eine Verstopfung der Luftwege im Rachenraum.
   Da das Gaumensegel ein Muskel ist, lässt sich die Aussprache logopädisch trainieren, sodass sich der Stimmklang verbessert.

Heiserkeit

Kinder mit Heiserkeit (Dysphonie) sprechen sehr laut und angestrengt, was starke Verspannungen im Hals zur Folge hat und wiederum dazu führt, dass die Stimmbänder beim Sprechen nicht gleichmäßig schwingen können. Die Stimme hört sich heiser an, auch wenn die Kinder keine Halsentzündung haben.

Wenn ein Kind lange Zeit mit solchen Verspannungen spricht, können sich auf seinen Stimmbändern kleine Verdickungen bilden, die »Schreiknötchen« genannt werden. Sind diese Schreiknötchen sehr ausgeprägt, bekommen die Kinder schließlich gar keinen Ton mehr heraus. Solche Stimmlosigkeit (Aphonie) verliert sich zum Glück oft in der Pubertät wieder, wenn sich durch die hormonelle Umstellung die Stimmbandverdickungen zurückbilden.

Verständlicherweise nützt es Kindern mit einer Dysphonie wenig, allein ihre Aussprache zu trainieren. Sinnvoller und vordringlicher wäre, danach zu fragen, warum das Kind mit solchen Verspannungen spricht, und hier für Entspannung zu sorgen (s. dazu auch die Vorschläge für Entspannungsübungen mit Kindern, S. 150 f.).

Interessanterweise treten solche Schreiknötchen im Kindesalter vermehrt bei Jungen auf. Im Erwachsenenalter hingegen haben fast ausschließlich Frauen Knötchen auf den Stimmbändern.

Brummer

Ebenfalls häufiger bei Jungen als bei Mädchen anzutreffen ist eine brummende Stimme. Obwohl Kinderstimmen normalerweise etwas höher und heller sind als die von

Erwachsenen, ist die Stimme von Brummern deutlich dunkler und tiefer, und sie können selbst einfache Tonfolgen nicht nachsingen. Insgesamt sind Kinder mit einer Brummstimme auffallend unmusikalisch.

Da es sich hier nicht um ein schwerwiegendes Sprachproblem handelt und das Kind nicht stark eingeschränkt ist, genügt es meistens, mit dem Kind zu singen – auch wenn es nicht richtig mitsingen kann – und seine Musikalität zu fördern. Häufig verliert sich das Brummen spätestens im Jugendalter (mit dem Stimmbruch).

Piepser

Während die Kinderstimme beim Brummen dunkler ist als gewöhnlich, gibt es auch Kinder, bei denen die Stimmlage erhöht ist. Die Aussprache wirkt piepsig und gequetscht, weil die Stimme heller ist. Diese hohe Stimmlage ist häufiger bei Mädchen als bei Jungen zu beobachten.

Meistens verhalten sich Kinder mit einer sehr hohen »Babystimme« auch babyhaft. Nicht selten ist die Geburt eines Geschwisterkindes der Grund für diese Stimm- und Verhaltensänderung. Um die gleiche intensive Liebe und Aufmerksamkeit von den Eltern zu bekommen wie das Baby, spricht und verhält sich das ältere Kind babyhaft.

Eltern können diese verständliche Eifersucht des Kindes lindern helfen, indem sie sich Zeit für das Kind nehmen, sich eine gewisse Zeit am Tag ausschließlich ihm widmen und ihm ihre ungeteilte Aufmerksamkeit und Zärtlichkeit schenken. Zusätzlich tut es einem älteren Geschwisterkind gut, wenn es bei der Babypflege teilhaben und mithelfen darf.

Es kann allerdings auch sein, dass ein Kind von seiner

Mutter/seinem Vater zu sehr behütet und verhätschelt wird, weshalb es sich mit zunehmendem Alter weiterhin wie ein Baby verhält. Oft drücken diese Eltern aus: »Ich liebe Babys. Die Babyjahre sind doch die schönsten Jahre.« Und die Kinder spüren, dass sie mit ihrem babyhaften Verhalten mehr Liebe bekommen, als wenn sie immer unabhängiger und selbstständiger werden.

Doch Kinder sollten spüren, wie wunderbar es ist, größer und selbstständiger zu werden. Dazu müssen Eltern allerdings lernen, ihre Kinder loszulassen.

Eine gute Möglichkeit, die babyhafte, zu hohe Stimme zu verändern, sind Rollenspiele (s. dazu auch S. 148), die immer auch die Gefühle und die Psyche des Kindes einbinden. Im Rollenspiel kann man dem Kind die Rolle des Vaters anbieten (ruhig auch einem Mädchen), sodass es darin die dunkle Stimme wie auch das »Großsein« spielerisch ausprobieren kann. Oder man ahmt gemeinsam Tiere nach, die eine dunkle Stimme haben, z. B. den Wolf.

Wortfindungsstörungen

Wir alle haben schon einmal erlebt, dass uns ein bestimmtes Wort nicht eingefallen ist. Solche Wortfindungsstörungen oder auch Benennstörungen sind normal. Doch manche Kinder (wie auch Erwachsene z. B. nach einem Schlaganfall) stocken häufiger in ihrem Redefluss, weil sie ein bestimmtes Wort nicht finden: »Ich habe ... (Durst).«

Die Ursachen dafür, dass ein Kind ein Wort nicht findet, können sehr unterschiedlich sein. Möglicherweise hat es nicht genügend Wörter in seinem Langzeitgedächtnis abgespeichert (was sich als auditives Lexikon in der Großhirnrinde befindet). Oder das Langzeitgedächtnis verfügt zwar über viele Wörter, doch die Verbindung dahin ist gestört. Oder das Wort ist zwar abrufbar, es gibt aber Probleme an der Stelle im Gehirn, wo die das Wort bildenden Laute zusammengesetzt werden.

Die Hilfen bei Wortfindungsstörungen richten sich nach deren Ursache. Wenn also ein Kind nicht über ein ausreichendes auditives Lexikon im Langzeitgedächtnis verfügt, dann ist es wichtig, den Wortschatz des Kindes zu fördern (s. dazu S. 155 ff.), Gegenstände, Tätigkeiten und Eigenschaften eindeutig zu benennen und die neuen Wörter (nie viele auf einmal) im Alltagsgespräch immer wieder zu wiederholen. Einem Kind dagegen, das Probleme hat, die dem Wort entsprechenden Laute zusammenzusetzen, tun Lautbildungen gut.

Eltern wären allerdings damit überfordert herauszufinden, welche Stelle im Gehirn nun genau dafür verantwortlich ist, dass ein Kind ein Wort nicht findet. Das ist Sache einer logopädischen bzw. sprachtherapeutischen Diagnostik.

Wortarmut

Es gibt Kinder, die im Alter von zwei bis drei Jahren das Sprechen der anderen nur als eine Art Hintergrundgeräusch wahrnehmen – sie achten kaum auf das, was gesagt wird. Den Eltern fällt das nicht immer auf, denn häufig reagieren die Kinder ja auf ihre Aufforderungen. Sie vermitteln den Eindruck, dass sie alles verstehen, obwohl sie in Wirklichkeit lediglich die (häufig benutzten) Aufforderungen verstehen und eigentlich nur aus der jeweiligen Situation erraten, was gemeint ist: Sitzt die Familie bereits am Tisch und ruft die Mutter das Kind zum

Essen, winkt sie es zusätzlich mit der Hand herbei, dann folgt das Kind der Aufforderung, auch wenn es die Worte nicht versteht. Ebenso wird es seine Jacke anziehen, wenn die Eltern sagen: »Ziehe deine Jacke an.« Denn an der Situation erkennt das Kind die Aufbruchstimmung.

Bei näherer Beobachtung stellt sich allerdings heraus, dass ein Kind mit solch einer Störung des Sprachverständnisses keine eigenen Wünsche, Informationen, Gefühle oder Ideen mitteilt. Wenn es spricht, sagt es häufig nur Allgemeines und ohne sich dabei an eine andere Person zu wenden: »Ich mache das so.« – »Das da.« – »Happa« für Essen, vielleicht aber auch für den Löffel oder für ein konkretes Nahrungsmittel, etwa einen Apfel.

Einige Kinder sagen selbst wenig, wiederholen jedoch das, was ein anderer sagt, wie ein Echo: »Komm, wir malen ein Bild.« Worauf das Kind wiederholt: »Malen ein Bild.«

Ein wortarmes Kind hat den besonderen Reiz und die vielen Möglichkeiten der Sprache noch gar nicht entdeckt. Um auf diese Entdeckungsreise zu gehen, braucht es die Hilfe von seinen Eltern und von Fachleuten.

Mutismus

Über die genannten Sprachprobleme hinaus kommt es auch vor, dass ein Kind gar nicht spricht. Die Gründe für eine solche Sprechblockade können organischer, aber auch psychischer Natur sein.

Eine der körperlichen Ursachen dafür, dass ein Kind nicht spricht, kann ein Hörschaden sein. Wenn das Baby nicht auf Geräusche reagiert, seinen Kopf nicht in die Richtung des Geräusches dreht, ist ein solcher Hörschaden zu vermuten. In diesem Fall sollten Sie einen Untersuchungstermin bei einem/r Hals-Nasen-Ohren-Arzt/Ärztin machen. Da das Gehör von Babys allerdings schwer zu untersuchen ist, empfiehlt sich eine Vorstellung in der pädautologischen Abteilung einer Klinik (meist in Universitätskliniken). Denn hier verfügt man über die notwendige Erfahrung und spezielle technische Einrichtungen für die ganz Kleinen. Je früher ein Gehörschaden erkannt und durch eine Operation oder durch ein Hörgerät behoben wird, desto größer sind die Chancen, dass das Kind trotzdem sprechen lernt.

Eventuell ist aber auch eine Fehlbildung der Sprechwerkzeuge, eine neurologische Störung oder eine geistige Behinderung dafür verantwortlich, dass ein Kind nicht spricht. Solche Vermutungen müssen ebenfalls ärztlich abgeklärt werden.

Manchmal kommt es vor, dass ein Kind aufgrund eines traumatischen Erlebnisses – also nach einem Schreckerlebnis – nicht mehr spricht. Solche Erlebnisse können sehr unterschiedlicher Art sein und für uns Erwachsene nicht immer dieselbe Grausamkeit besitzen wie für ein Kind. Manche (vor allem noch sehr kleine) Kinder erleben etwa einen schlimmen Streit zwischen den Eltern, bei dem es eventuell zu Handgreiflichkeiten kommt, als lebensbedrohlich. Auch ein Autounfall kann ein Kind traumatisieren.

Traumatisierte Kinder brauchen Hilfe, damit der große Schreck verdaut werden kann und nicht ihre gesamte Entwicklung blockiert. Eine psychologische Traumabehandlung bietet diese Hilfe. Sie wird an manchen Universitätskliniken oder in psychiatrischen Praxen bzw. Kliniken angeboten.

Es gibt auch Kinder, die nur zeitweilig oder nur in bestimmten Situationen nicht sprechen. Das nennt man *se-*

lektiven Mutismus. Manche Kinder verweigern z. B. im Kindergarten die Sprache und auch nur dort, da irgendetwas für sie nicht in Ordnung zu sein scheint. Hier mögen Ängste, eventuell Verlustängste (»Kommt die Mama mich auch wirklich wieder holen?«), oder auch starke Gefühle der Ablehnung (»Die kleine Schwester/der kleine Bruder darf zu Hause bleiben und ich nicht!«) eine Rolle spielen.

Druck und Strenge helfen hier nicht, sondern einfühlsames Nachforschen, was dem Kind auf der Seele lastet, und diese Last zu lindern.

Lese- und Rechtschreibschwäche

Meistens fällt uns eine Lese-Rechtschreibschwäche, oft als »Legasthenie« bezeichnet, erst in der Schulzeit auf, wenn ein Kind zu lesen und zu schreiben beginnt. Doch schon in den Vorschuljahren entwickelt ein Kind viele wichtige Basiskompetenzen für das Lesen und Schreiben (s. Anregungen für das Schreiben und Lesen, S. 179 ff.). In diesen ersten Anfängen kann es bereits zu Problemen kommen, die später zu einer Legasthenie führen können. Hierzu zählen u. a. Wahrnehmungsprobleme oder Konzentrationsprobleme, Schwierigkeiten mit der Augen-Hand-Koordination oder bei der Lautverarbeitung.

Alle sechsjährigen Kinder schreiben entwicklungsbedingt einzelne Buchstaben und Zahlen falsch oder verdreht und lesen sie auch noch nicht richtig. Diese Anfangsfehler verlieren sich allerdings im Lauf der nächsten Schuljahre. Wenn Kinder mit zunehmendem Schulalter jedoch weiterhin unleserliche Wörter schreiben (z. B. kAdeN statt Garten) oder das Selbstgeschriebene nicht richtig lesen können, steckt vermutlich eine Lese-Rechtschreibschwäche dahinter. Allerdings hat die Lese-Rechtschreibschwäche kein einheitliches Erscheinungsbild: Bei einigen Schulkindern tritt sie deutlich zutage, bei anderen ist sie nur schwach ausgeprägt. Dabei kann mal das Lesen, mal das Schreiben stärker betroffen sein.

Druck und Ermahnungen helfen diesen Kindern überhaupt nicht. Vielmehr sollten die schulischen Enttäuschungen so gering wie möglich gehalten werden, damit bei ihnen die Motivation wächst, ein LRS-Training durchzuführen. Sollten bei Ihrem Kind Anzeichen für eine Lese-Rechtschreibschwäche auftreten, reden Sie mit der Erzieherin bzw. Lehrerin, und lassen Sie Ihre Vermutung fachlich abklären. Falls sich diese Diagnose bestätigt, können gute LRS-Trainings und Ihre familiäre Begleitung viel bewirken. Auch hier gilt, lieber früher als später zu handeln, um die Erfolgschancen des Kindes zu erhöhen.

Eine Lese-Rechtschreibschwäche kann hirnorganische Ursachen haben (Probleme bei der Lautverarbeitung oder minimale cerebrale Dysfunktionen). Häufig ist sie jedoch eine Entwicklungsverzögerung, die durch gezielte pädagogisch-didaktische Unterstützung innerhalb mehrerer Jahre zu mildern bzw. zu überwinden ist. Sie kommt übrigens weitaus häufiger vor, als wir vermuten, und tritt – entgegen manchen Vorurteilen – bei allen Graden der Intelligenz auf. Nichtsdestotrotz haben lese-rechtschreibschwache Kinder oft schlechte Schulleistungen – verständlicherweise, weil Lesen und Schreiben in der Schule besonders betont werden.

Übersieht man die Lese-Rechtschreibschwäche im Grundschulalter, haben die betroffene Kinder es in der Schule schwer. Doch nicht nur dort: Das Lesen und Verstehen von Aufgaben, Gebrauchsanweisungen, Briefen und vielem mehr macht einen großen Teil unseres Lebens aus.

Auffälligkeiten im kindlichen Verhalten

Die Sprachentwicklung eines Kindes ist, wie bereits erwähnt, eng mit seiner gesamten Entwicklung verknüpft – ein auffälliges Verhalten hemmt oder blockiert das Kind also auch in seiner Sprachentwicklung. Ein Kleinkind, dessen gesamte Muskulatur auffallend schlaff ist, dessen Mundwinkel kraftlos nach unten hängen (und dem dabei oft auch Speichel aus dem Mund fließt), wird Probleme beim Artikulieren der Laute bekommen. Und ein Kind, das sich für nichts interessiert, wird sich auch nicht für Sprache und Kommunikation mit seiner Umgebung interessieren.

Auffälligkeiten im Kinderverhalten können sehr unterschiedlich sein. Und wenn es auch wichtig ist, Störungen in der kindlichen Entwicklung möglichst früh zu erkennen, sollten wir dennoch nicht jede kleine Verhaltensabweichung mit zu großer Sorge betrachten. Ein ruhiges, eher kontaktarmes Kind ist noch lange kein autistisches Kind, und ein aufgewecktes, sehr kontaktfreudiges Kind wiederum ist noch lange kein hyperaktives Kind. Denken wir daran, dass die Entwicklung der Kinder sehr unterschiedlich verläuft und eine Fülle an individuellen Erscheinungsbildern mit sich bringt, die allesamt als normal zu bezeichnen sind.

Lassen Sie uns im Folgenden einige kindliche Verhaltensweisen betrachten, die – sollten sie bei einem Vorschulkind längere Zeit zu beobachten sein – erste Anzeichen für einen problematischen Entwicklungsverlauf sein können. Zu solchen Auffälligkeiten zählen z. B.:

- dass ein Kind an nichts Interesse zeigt, sehr passiv wirkt und keinen Blickkontakt zu anderen Personen aufnimmt;

- wenn ein Kind oft ohne ersichtlichen Grund schreit und weint;
- lang anhaltende Schlaflosigkeit des Kindes;
- übertriebenes Daumen- oder Schnullerlutschen;
- Bettnässen, Einkoten bis ins Grundschulalter hinein;
- deutliche körperliche Unruhe (Hyperaktivität), die sich in extrem starkem Bewegungsdrang äußert (das Kind kann nicht stillsitzen und sich in Ruhe mit etwas beschäftigen);
- extremes Nägelbeißen;
- wenn das Kind unentwegt und überdreht spricht, d. h. seine innere Unruhe im Redefluss ableitet;
- sehr stark ausgeprägtes aggressives Verhalten, d. h., das Kind setzt sich überdurchschnittlich häufig mit seiner Körperkraft für seine Sache ein, tut anderen Kindern, den Eltern, der Erzieherin auffallend häufig weh, schlägt oder tritt sofort, wenn es von einem anderen auch nur aus Versehen angerempelt wird, usw.;
- babyhaftes Verhalten eines größeren Kindes im Kindergartenalter (s. auch das Kapitel über Piepser, S. 76 f.);
- wenn drei- oder vierjährige Kinder Gegenstände in die Hände nehmen und sie, ohne sie zu benutzen, wieder fallen lassen (sie nehmen z. B. Buntstifte in die Hand, auch in den Mund, ohne zu erkennen, dass sie mit den Stiften malen können).

Alle diese Beispiele sind ernstzunehmende Hinweise auf Entwicklungsprobleme oder gar Entwicklungsstörungen. So wird ein Kind, das mit vier Jahren nichts mit den Dingen in seiner Umgebung anzufangen weiß, das deren Funktion und Beschaffenheit nicht erkennt, auch ein eingeengtes Sprachverständnis haben. Es ist deshalb wichtig, dafür zu sorgen, dass solche Stolpersteine aus dem Weg geräumt werden.

Die Gründe für ein auffälliges kindliches Verhalten können vielfältig sein und lassen sich nicht immer leicht beheben. Auch hier gilt, dass wir mit Schimpfen nicht viel Gutes bewirken (»Sitz endlich still, sonst gehst du ins Bett« – »Wenn du noch mal schlägst, schlage ich dich auch«). Kinder mit wirklich auffälligem Verhalten können nicht willentlich und aus Vernunft oder Einsicht heraus die schlechten Gewohnheiten ablegen (was uns Erwachsenen übrigens auch schwerfällt).

Zeigt ein Kind auffälliges Verhalten, ist das in der Regel auch eine Art Hilferuf. Etwas ist für das Kind nicht in Ordnung – es sollte jedoch in Ordnung gebracht werden. Für uns Eltern stellt es eine große Herausforderung dar herauszufinden, warum unser Kind z. B. immer noch ins Bett macht oder sein Babyverhalten nicht ablegt oder sehr schnell aufbrausend und aggressiv reagiert. Sind es körperliche Probleme, haben sich z. B. die Nervenbahnen zwischen Ausscheidungsorganen und Gehirn nicht ausreichend entwickelt, oder sind es emotional-psychische Gründe, Dinge, die dem Kind auf der Seele lasten? Will es mit seinem babyhaften oder mit seinem aggressiven Verhalten mehr Aufmerksamkeit und Zuneigung von seinen Eltern?

Um eine Problematik wirklich erkennen und verstehen zu können, ist eine Erziehungs- oder familientherapeutische Beratung oft hilfreich. Doch man scheut den Gang zur Beratungsstelle, da er einem wie ein Eingeständnis des Scheiterns vorkommt. Aber er drückt kein Versagen aus, sondern – im Gegenteil – den Mut, etwas in der Familie zu verändern und zu verbessern. Und das tut allen gut.

Wir Eltern sind auf die große Aufgabe, unsere Kinder zu

erziehen und in ihrer Entwicklung zu begleiten, nicht wirklich vorbereitet worden. Woher sollen wir also wissen, was zu tun ist, wenn es hier und da nicht ganz so reibungslos läuft? Bei vielen anderen Fragen holen wir uns doch auch Rat und Hilfe bei Fachleuten: Haben wir Husten, gehen wir zum Arzt. Wenn wir Geld anlegen wollen, suchen wir einen Finanzberater auf.

Schimpfwörter

Zum Abschluss möchte ich auf eine Auffälligkeit hinweisen, die sich in die Sprache von Kindern einschleicht und die leider häufig die gesamte Atmosphäre in der Familie wie auch in Kindergarten und Schule[15] belastet. Kinder mit dieser Verhaltensauffälligkeit sprechen grammatikalisch richtig und verfügen auch über einen großen Wortschatz – doch dieser reicht so weit, dass er eine Reihe von Schimpfwörtern beinhaltet.

Sprache kann bei allen ihren positiven Eigenschaften auch Gewalt und Druck ausüben. Wir Erwachsene setzen dies unseren Kindern gegenüber immer wieder ein: »Wenn du jetzt nicht sofort mit dem Geschrei aufhörst, dann gehst du ins Bett!« Selbstverständlich entdecken auch die Kinder diese Seite der Sprache. Spätestens wenn sie in den Kindergarten kommen, bringen sie freche, sexualisierte Ausdrücke und Schimpfwörter mit nach Hause. Plötzlich sagen sie »du Wichser«, »du Arschloch«, »halt's Maul« und Ähnliches, ohne immer zu wissen, was die Wörter und Ausdrücke tatsächlich bedeuten.

[15] Selbst an Gymnasien gehören Sätze wie »Du Fotze, mit dir spricht doch sowieso keine Sau« mittlerweile zum täglichen Umgangston.

Sie wollen diese Wörter aber kennenlernen und wollen auch ausprobieren, was passiert, wenn man sie benutzt. Sie wollen herausfinden, welche Ausdrücke akzeptiert werden und welche nicht, und üben so soziale Regeln des Sprechens ein, die im Umgang mit anderen sehr wichtig sind. Und sie erproben dies im vertrauten Kreis zu Hause.

Kinder müssen diesen Umgang mit Sprache erkunden und entdecken, wie ihre Umgebung reagiert, wenn sie Schimpfwörter benutzen oder mit frechen Ausdrücken provozieren: Der fünfjährige Sven z. B. hat eine gute Aussprache und scheint insgesamt ein kluger Junge zu sein. Doch seit er im Kindergarten ist, hat sich sein Wortschatz vor allem auf Schimpfwörter reduziert bzw. auf Wörter, die seine Eltern gar nicht gerne hören. Bei Tisch tut er etwa kund: »Ich geh mal scheißen«, obwohl seine Eltern das nie sagen würden. Wenn die Eltern Sven dann bitten, sich besser auszudrücken, wird er wütend und wirft ihnen Beleidigungen an den Kopf. Zwar spricht Sven grammatikalisch korrekt, lässt aber den sogenannten »guten Ton« vermissen.

Helena dagegen spricht mit fünf Jahren noch schlecht. Wenn man sie nicht versteht, wird sie sehr ärgerlich und beschimpft ihre Erzieherin, Omas und Eltern: »Du doof!«

Armin wird als »großer« Bruder oft ermahnt, seine kleine Schwester in Ruhe zu lassen. Doch der Sechsjährige scheint eine regelrechte Freude daran gefunden zu haben, seine dreijährige Schwester mit verbalen Gemeinheiten zu ärgern: »Schau mal, wie doof die ist, die kann ja noch nicht mal auf den Tisch gucken …«

Alle diese Kinder sind gewiss nicht schlechter erzogen als andere Kinder, doch etwas in ihrem Alltag scheint nicht in Ordnung zu sein bzw. ihnen Sorgen zu bereiten.

In Svens Familie beispielsweise sprechen alle immer

sehr gewählt, und jedes schlimme Wort von Sven, ja sogar fast jede seiner Formulierungen wird auf der Stelle korrigiert und von der Ermahnung begleitet, sich künftig besser auszudrücken. Die Eltern lassen Sven wenig Möglichkeiten, seinen eigenen Ausdruck zu finden. Mit seinen Provokationen wehrt sich Sven also gegen diese zu strengen Sprachregeln in der Familie. Vielleicht können die Eltern Sven einen Ort anbieten, wo er die verführerischen frechen und »schmutzigen« Wörter sagen darf: Sie könnten z. B. im Bad ihren Platz haben und dort allmählich den Reiz des Verbotenen verlieren.

Helena ärgert sich vermutlich darüber, dass sie noch nicht so gut sprechen kann, wie sie gerne möchte. Sie braucht deswegen Hilfe und auch den Zuspruch, die Geduld und das Gefühl des Vertrauens ihrer Eltern, dass sie schon bald besser zu verstehen sein wird.

Armins Beleidigungen sind vermutlich eine Form von Eifersucht auf die kleine Schwester. Deshalb tut es ihm gut, wenn die Mutter sich öfter Zeit nur für ihn nimmt (das muss gar nicht lang sein, z. B. abends beim Schlafengehen) und ihm ihre Liebe zeigt.

Armin und Sven könnten allerdings auch Beispiele für den kindlichen Versuch sein, Macht auszuüben. Ist die Eltern-Kind-Beziehung sehr hierarchisch – d. h., nur die Eltern bestimmen und das Kind hat zu folgen, ohne dass ihm viel Freiheit zu eigenem Entdecken bleibt –, dann reagieren manche (oft willensstarke) Kinder darauf, indem sie sich Verhaltensweisen suchen, die wiederum Macht auf die Familie ausüben. Freche und aggressive Äußerungen gehören ebenso dazu wie häufiges Kranksein, ohne dass ein körperlicher Befund vorliegt. Letztlich spiegelt ein solches Verhalten einen für das Kind negativen Zustand wider und darf deshalb nicht als Unverschämtheit und

Bösartigkeit ausgelegt werden. Es sollte vielmehr als Hinweis darauf verstanden werden, dass Eltern an ihrem Machtverhalten etwas ändern müssen.

Kinder brauchen zwar klare Regeln und Grenzen, sie brauchen jedoch gleichzeitig Respekt und Freiheit. Fehlt hier die Balance, sind Eltern zu streng oder setzen sie zu wenig Grenzen, hat das Einfluss auf das kindliche Verhalten und kann u. a. dazu führen, dass ein Kind über Verhaltensauffälligkeiten diese Balance einklagt.

Kinder, denen die Familie zu wenige klare und notwendige Grenzen setzt (sie dürfen anderen jederzeit ins Wort fallen, freche und beleidigende Äußerungen machen, jeden mit der Kinderpistole erschießen usw.), werden letztlich vergleichbar mit Kindern, denen zu enge Grenzen gesteckt werden. Sie reagieren darauf mit auffälligem Verhalten, und zwar so lange, bis sie an die Grenzen der Eltern stoßen.

Warum spricht mein Kind nicht richtig? Mögliche Ursachen für Sprachprobleme

Ansatzweise haben wir eben bereits einige Ursachen für kindliche Sprachprobleme gesehen, doch letztlich ist es sehr schwer zu sagen, was jeweils der genaue Grund für eine Sprachentwicklungsverzögerung oder Sprachstörung ist, da meistens viele Faktoren daran beteiligt sind.

Dennoch denkt man oft einseitig: Entweder meint man, es liege am Kind, es könne ja besser sprechen, wenn es nur wolle. Oder man macht sich selbst Vorwürfe und fühlt sich schuldig, weil man der Ansicht ist, in der Erziehung etwas versäumt zu haben. Doch Schuldzuweisungen helfen einem Kind mit Sprachproblemen wenig. Wenn wir hingegen das Problem des Kindes, die Symptome und die möglichen Ursachen, genauer kennen, können wir ihm gezielter Hilfe und Unterstützung anbieten.

Dass sich die Suche nach den Ursachen für Sprachschwierigkeiten so schwierig gestaltet, liegt daran, dass diese so vielschichtig sein können und man den eigentlichen Grund oft nicht richtig erkennen kann. Eine kindliche Sprachstörung äußert sich häufig anhand mehrerer Symptome, die schwer auseinanderzuhalten sind, sodass man nicht eindeutig feststellen kann, was davon Ursache und was Wirkung ist. Wenn ein Kind Probleme in der Koordination seiner Bewegungen hat, wird dies u. a. auch zu Problemen in der Artikulation führen. Das kann wiederum zur Folge haben, dass das Kind wenig Freude am Sprechen hat und daher auch weniger Interesse am Fragen, weshalb sich sein Wortschatz kaum erweitert. Parallel dazu wirkt sich das belastend auf die Gefühle und die Psyche des Kindes aus und beeinträchtigt seine gesamte Entwicklung.

Um einen Überblick über die vielen verschiedenen möglichen Ursachen für Sprachprobleme bzw. Entwicklungsverzögerungen zu bekommen, sind sie hier noch einmal zusammengefasst.

Hörstörungen

Das Hören ist, wie bereits festgestellt, ausgesprochen wichtig für den Spracherwerb. Das zeigt sich auch daran, dass schätzungsweise über ein Drittel der Sprachschwierigkeiten bei Kindern mit Hörstörungen auftritt.

Oft sind *Mittelohrprobleme* Gründe für Hörstörungen. Diese können durch vergrößerte Rachenmandeln (Polypen) oder häufigere Mittelohrentzündungen verursacht sein. Im Mittelohr bildet sich dann Schleim, der verhindert, dass das Trommelfell ausreichend schwingen kann und die kleinen Gehörknöchelchen den Schalldruck weiterleiten. Dadurch wird das Hören stark beeinträchtigt, und das Kind bekommt wichtige Sprachimpulse nicht mit. Das heißt, es kann die verschiedene Sprachlaute nicht unterscheiden.

Gegebenenfalls müssen die Polypen operativ entfernt werden, oder das Mittelohr muss durch einen operativen Eingriff dauerhaft trockengelegt werden, z. B. durch einen kleinen Schnitt oder indem ein winziges Röhrchen ins Trommelfell eingesetzt wird.

Daneben gibt es auch eine *Innenohrschwerhörigkeit,* die – allerdings deutlich seltener – zu Hörstörungen führt. Diese kann angeboren oder durch eine Reihe von Kinderkrankheiten verursacht sein. In jedem Fall ist eine frühe Diagnose von Vorteil, damit das schwerhörige Kind ein Hörgerät bekommt und so in seinem Spracherwerb weniger eingeschränkt ist.

Allerdings ist es schwierig, im frühen Kindesalter Hörtests durchzuführen. Spezielle Verfahren sind dazu nötig (Elektroden werden im Innenohr angebracht), die vor allem an Universitätskliniken durchgeführt werden.

Manche Kinder können zwar prinzipiell hören, doch nicht in allen Frequenzen. Wenn Kinder ganz hohe Töne (z. B. Grillenzirpen oder Pfeiftöne von elektronischen Geräten) nicht hören, hat dieses eingeschränkte Hörvermögen ebenfalls nachteilige Auswirkungen auf ihren Spracherwerb. Auch dies sollte über einen Hörtest abgeklärt werden.

Eine besondere und noch nicht hinreichend geklärte Form der Hörstörung ist die sogenannte *auditive (akustische) Wahrnehmungsstörung*. Es gibt Kinder, die zwar keine nachweisbare Hörstörung haben, die ihre Höreindrücke aber weder richtig behalten noch richtig wiedergeben können. Meistens ist ihre Aussprache fehlerhaft und schwer verständlich, und sie können im Alter von drei bis vier Jahren keine einfachen Kinderreime aufsagen. Es wird u. a. vermutet, dass die akustische Wahrnehmungsstörung – auch *partielle akustische Lautagnosie* genannt – dadurch verstärkt wird, dass bereits das kleine Kind zu vielen und zu lauten Geräuschen ausgesetzt ist, z. B. Straßenlärm, permanent laufendem Fernseher, Baulärm usw. Das Kind kann dann aufgrund der vielen Nebengeräusche einzelne Töne nicht herausfiltern, d. h. die wichtigen nicht von den unwichtigen Reizen unterscheiden, und bekommt von allem nur Bruchstücke mit.

Sehstörungen

Wie das Hören ist auch das Sehen grundlegende Voraussetzung für den Spracherwerb. Der Sehsinn (die visuelle Wahrnehmung) filtert in einer Millisekunde aus einem Überangebot an Bildern das für uns Wichtige heraus. Ein Viertel der Großhirnrinde ist mit der Verarbeitung dessen, was wir sehen, beschäftigt, also damit, uns einen Überblick, Durchblick und Einblick zu verschaffen. Doch bei manchen Kindern ist das Hinschauen ein Problem. Ihre Augen sind ständig »unterwegs«, oder ihr Blick wirkt abwesend, verträumt. So haben sie große Schwierigkeiten, einzelne Formen inmitten einer Vielzahl von Formen – etwa in einem Bilderbuch – wiederzuerkennen und später Buchstaben zu unterscheiden.[16]

Kleine Kinder sind sehr genaue Beobachter. Ihr Sehsinn hilft ihnen, Sprache zu lernen, indem sie auf die Mundbewegungen ihrer Eltern schauen und diese nachahmen. Sie beobachten, wie die Mutter/der Vater auf die Gabel zeigt, dazu »Gabel« sagt, und erkennen so, dass die Gabel »Gabel« heißt (Wortschatzerweiterung).

Blinde Kinder haben es dagegen deutlich schwerer, Wörter zu erlernen, weil sie einerseits die Mundbewegungen für die Artikulation von Lauten nicht beobachten und andererseits die den Wörtern entsprechenden Gegenstände nicht sehen können. Doch auch Kinder, die blind und taubstumm zugleich sind, vermögen Sprache zu erlernen, wie das bekannte Beispiel von Helen Keller zeigt.

16 Kinder mit einem Aufmerksamkeitdefizitsyndrom (ADS) leiden in der Regel u. a. an einer Seh- und einer Hörstörung. Sie können aus der Vielzahl von Sinneseindrücken nicht das Wichtige herausfiltern.

Kinder mit Sehstörungen brauchen also einen etwas anderen Zugang zur Sprache, indem sie beispielsweise die Lippenbewegung der Eltern fühlen und auch die Bezeichnungen der Gegenstände genannt bekommen.

Allgemeine Wahrnehmungsstörungen

Nicht nur das Hören und Sehen, sondern alle Sinne sind maßgeblich an der Sprachentwicklung beteiligt. Es gibt jedoch Kinder, die an einer allgemeinen Wahrnehmungsstörung leiden. Sie nehmen zwar die vielen Informationen aus ihrer Umgebung mit allen Sinnen wahr, können das Wahrgenommene aber nicht ordnen und deshalb nicht verstehen. Das führt zu einer großen Unruhe bei den Kindern und macht es ihnen z. B. kaum möglich, die Grammatik zu verstehen und richtig anzuwenden. Oft hilft es diesen Kindern, wenn sie intensiver ihre einzelnen Sinne (isoliert) trainieren können.

Veranlagung

Sprachliche Schwächen können auch vererbt sein. Es gibt Familien, in denen z. B. Dysgrammatismus über Generationen hinweg auftritt. Ebenso wird beim Poltern eine erbliche Veranlagung vermutet. Desgleichen ist hohe Nervosität, die in der Regel eine Konzentrationsschwäche nach sich zieht, häufig in mehreren Generationen anzutreffen, sodass sie sehr wahrscheinlich erblich weitergegeben wird.

Ferner gibt es Kinder, deren Sprachfähigkeit erblich bedingt eher schwach ausgeprägt ist, sodass sie nie große

Redner sein werden. Diese Kinder haben dann zum Ausgleich in anderen Bereichen ihre Stärken.

Erblich beeinflusst wird auch, wann sich beim einzelnen Kind die Sprache entwickelt. Manche Kinder lernen früh sprechen, andere dagegen entwickeln erst ihre Grobmotorik (d. h., sie laufen früh) und lernen später sprechen.

Wie schnell ein Kind heranreift, ist ebenfalls Veranlagungssache. Es kommt vor, dass ein Kind sich körperlich insgesamt sehr langsam entwickelt. Diese *kindliche Unreife* kann Verzögerungen in der Sprachentwicklung zur Folge haben.

Auch eine psychisch sehr labile Disposition (Veranlagung) kann die Sprachentwicklung einschränken, vor allem wenn der Alltag das Kind überfordert. Ein Kind mit einem labilen Nervenkostüm und einer leicht erhöhten Herzfrequenz ist viel schneller gestresst als ein Kind mit starken Nerven und niedriger Herzfrequenz. Durch die Ausschüttung von Stresshormonen werden jedoch die Sprachentwicklung und das Lernen insgesamt gebremst. Deshalb sollte die Umwelt für das Kind ruhig gestaltet werden.

Geistige Behinderung

Eine geistige Behinderung kann dazu führen, dass ein Kind nur mit großen Schwierigkeiten, deutlich verzögert oder gar nicht sprechen lernt. Geistig behinderte Kinder zeigen auch in ihren Bewegungen sowie in ihrer gesamten Entwicklung deutliche Abweichungen.

Geburtsbedingte Störungen

Manche Erkrankungen einer werdenden Mutter (z. B. Röteln in den ersten Schwangerschaftsmonaten) können ebenso wie starkes Rauchen, erhöhter Alkoholgenuss sowie Medikamenteneinnahme während der Schwangerschaft Hirnschädigungen beim Embryo verursachen, die neurologische Störungen nach sich ziehen und drastische Folgen für die weitere kindliche Entwicklung haben.

Ebenso können Probleme während bzw. direkt nach der Geburt, etwa Sauerstoffmangel oder ein stark erhöhter Bilirubinwert beim Neugeborenen, zu Gehirnschädigungen führen.

Oft haben die Neugeborenen dann Schwierigkeiten beim Gestilltwerden bzw. Trinken und zeigen schon früh Einschränkungen in ihrer Bewegungsentwicklung. Und das wiederum wirkt sich negativ auf die kindliche Sprachentwicklung aus. Je früher solche Auffälligkeiten beobachtet werden, desto früher kann die positive Entwicklung des Kindes durch therapeutische Hilfe gefördert werden.

Lippen-Kiefer-Gaumenspalte

Wird ein Kind mit einer Lippen-Kiefer-Gaumenspalte geboren, lässt sich diese heute sehr früh operativ beheben. Anschließend sollte das Kind die Beweglichkeit des operierten Mundes gut trainieren, damit es im Laufe seiner Sprachentwicklung wenig eingeschränkt bleibt.

Kiefer- und Zahnfehlstellungen, myofunktionelle Störungen

Manche Kinder haben eine Kiefer- oder Zahnfehlstellung, sodass sie lispeln. Solche Fehlbildungen können u. a. durch zu starkes Schnullern oder Daumenlutschen (eventuell weil das Kind seelische Belastungen hat) hervorgerufen werden. Einige dieser Kiefer- und Zahnfehlstellungen können allerdings erst mit etwa zehn Jahren kieferorthopädisch korrigiert werden (mittels einer Zahnspange, teilweise auch operativ).

Häufig kommt es allerdings auch zu Fehlstellungen des Kiefers oder der Zähne, weil Kinder falsche Schluckgewohnheiten haben (was übrigens relativ häufig bei Kindern und auch bei Erwachsenen anzutreffen ist). Normalerweise wird beim Schlucken die Zungenspitze hinter die oberen Schneidezähne gelegt und die Zungenmitte saugt sich oben an den Gaumen, während der Mund und die Zähne locker geschlossen werden. Drückt die Zunge beim Schlucken jedoch vorne gegen die Zähne, kann das die Formung des Kiefers und die Zahnstellung negativ beeinflussen. Dann bildet sich ein offener Biss oder ein Überbiss, bei dem die oberen Schneidezähne weiter vorstehen als die unteren. Auch dies kann dazu führen, dass das Kind lispelt.

Beim Kauen sollte also der Mund des Kindes geschlossen und die Zunge nicht zu sehen sein. Und im Ruhezustand sollten die oberen und unteren Zahnreihen locker aufeinanderliegen, wobei die Zungenränder die Zähne nicht seitlich berühren.

Wenn Sie bei Ihrem Kind einen ständig geöffneten Mund, einen schlaff herunterhängenden Unterkiefer und eine insgesamt eher schlaffe Muskulatur beobachten, so können das Anzeichen für eine myofunktionelle Störung sein. Sie kann durch eine myofunktionelle Therapie (»myo-« kommt von dem Wort »Muskel«) behoben werden, damit das Kind keine dauerhaften Ausspracheprobleme bekommt.

Chronische Erkrankung oder längere Krankheit

Wenn ein Kind an chronischer Verstopfung der Atemwege leidet, atmet es andauernd mit offenem Mund. Wie beim häufigen Daumen- oder Schnullerlutschen erschwert der ständig geöffnete Mund auch hier, dass das Kind lernt, die Zähne beim Sprechen so zu schließen, wie es etwa für die Artikulation des S-Lauts nötig ist.

Während sich solche Atemwegserkrankungen in der Regel medizinisch beheben lassen, gibt es auch Krankheiten, die einen langen Krankenhausaufenthalt erforderlich machen. Sie sind für das Kind außerordentlich belastend und können Sprachprobleme bzw. Sprachentwicklungsverzögerungen zur Folge haben. Hier sind Verständnis und Geduld genauso wichtig wie gezielte spielerische Sprachförderung.

Häufig schonen Kinder nach einer Gaumen-Mandeloperation längere Zeit den hinteren Mund- und Nasenraum, sodass das Gaumensegel nicht genug trainiert wird und sie beim Sprechen näseln.

Seelische Belastungen und Störungen

Neben den unterschiedlichsten körperlich-organischen Ursachen können auch äußere Einflüsse oder traumatische Ereignisse zu seelischen Belastungen führen, die die Sprachentwicklung eines Kindes verzögern oder sogar verhindern.

Zu solchen Ereignissen zählen z. B. ein Todesfall in der Familie, ein schwerer Autounfall oder andere traumatisierende Erlebnisse, chronische Konfliktsituationen in der Familie (wie häufige heftige Streitereien der Eltern), Trennung der Eltern, Zwillingsgeburten, Vernachlässigung, kein sicheres Bindungsverhalten der Eltern (es fehlt dem Kind eine Bezugsperson) oder – im Gegenteil – das Überbehüten sowie andere gravierende Erziehungsfehler (zu viele Verbote, Schläge, permanente Kontrolle des Kindes durch die Eltern, häufiges Eingreifen in das kindliche Spiel usw.).

Wenn solche schwierigen Lebenssituationen bei einem Kind auf eine psychisch labile Disposition stoßen, kann sogar die gesamte Entwicklung des Kindes verkümmern.

Die seelischen Belastungen eines kleinen Kindes zu erkennen ist schwierig und doch sehr wichtig. Einige Symptome können für uns Hinweise auf emotionale und seelische Störungen sein: wenn das Kind etwa mit zunehmendem Alter noch häufig ins Bett nässt bzw. einkotet, extrem an den Fingernägeln kaut oder ausgeprägt am Daumen bzw. am Schnuller lutscht, scheinbar grundlos viel weint, besonders schreckhaft ist oder sich zurückzieht, keinen Kontakt zu anderen aufnimmt und verstummt. Auch Konzentrationsmangel kann durch seelische Belastungen verursacht sein. Halten solche Belastungssituationen an, verarmt ein Kind geistig und gefühlsmäßig und seine gesamte Entwicklung stagniert.

Wirkt ein Kind also bedrückt oder zeigt auffälliges Verhalten, sollten wir nicht nur nach körperlichen bzw. organischen Gründen suchen, sondern auch die Gefühlslage des Kindes berücksichtigen. Unabhängig davon, wie wir selbst eine Situation beurteilen, sie vielleicht als nicht so schlimm betrachten, kann sie für ein empfindsames Kind stark belastend sein. Dann sind unser liebevolles Verständnis und eventuell auch kinderpsychologische Hilfe nötig, damit keine bleibenden Schäden entstehen.

Mangelndes Selbstvertrauen

Ein Kind braucht eine gute Portion Selbstvertrauen, um in seiner Entwicklung voranzuschreiten. Erst wenn es aktiv und selbstständig Neues ausprobiert und erkundet und wenn es dabei Erfolge erlebt, wird es neue Dinge lernen und sich weiterentwickeln.

Doch manchen Kindern mangelt es an Selbstvertrauen. Und auch wenn das eher ein Symptom als eine Ursache ist, so verursacht ein schwaches Selbstvertrauen dennoch häufig Sprachprobleme. Denn ein unsicheres Kind traut sich nicht zu sprechen und lernt den Umgang mit Sprache deshalb nur sehr eingeschränkt oder gar nicht.

Kognitive Einschränkungen

Selbstverständlich ist das sprachliche Lernen auch von der kognitiven Fähigkeit eines Kindes, sprich: von seiner Intelligenz, abhängig.

Bis heute wissen wir nicht eindeutig, inwieweit Intelligenz vererbt wird und inwieweit die Umwelt Einfluss auf die Intelligenzentwicklung nimmt. Auf jeden Fall gibt es Kinder, die mit sechs Jahren nicht richtig zählen können, kaum Zahlwörter benutzen, keine Oberbegriffe finden, kurze Geschichten nicht nacherzählen und Bildreihen nicht logisch ordnen können, eine kompliziertere Aufforderung nicht ausführen, Ereignisse nicht sachgemäß berichten, Präpositionen wie »unter«, »über«, »hinter«, »auf« usw. nicht verstehen.

Solche kognitiven Einschränkungen sind häufig die Ursache für Dysgrammatismus. Den Kindern fehlt es an klaren Strukturen, sodass sie besonders viel Ordnung in ihrem Alltag brauchen, um eine Grammatik aufzubauen.

Feinmotorische Schwierigkeiten

Wie zuvor bereits ausgeführt, erfordern Sprechen und Schreiben die erfolgreiche Koordination vieler Muskeln, d. h., ein Kind muss feinmotorisch eine gewisse Geschicklichkeit entwickeln. Hat es hier Schwierigkeiten, beeinträchtigt das auch seine Sprach- bzw. Schreibentwicklung (wie bei den falschen Schluckgewohnheiten).

Das Greifen spielt hierbei eine ganz besondere Rolle, denn das Greifen hat mit dem Be-greifen zu tun: Wie soll ein Kind wirklich verstehen, was das Adjektiv »weich« bedeutet, wenn es das weiche Kuscheltier nicht richtig in die Hand nehmen kann? Wenn ein Kind Gegenstände also nicht zielgerichtet greifen, z. B. Bauklötze auftürmen oder einen Ball fangen kann, ist seine Wahrnehmung eingeschränkt, und das hemmt seine Sprachentwicklung.

Das zielgerichtete Greifen bzw. die Augen-Hand-Koordination ist natürlich für das spätere Schreiben sehr wichtig. Bis ein Kind einen Gegenstand gezielt ergreifen kann und seine Augen koordiniert den Handbewegungen folgen, braucht es viele Entwicklungs- und Lernschritte. Schafft es ein drei- bis vierjähriges Kind allerdings nicht, z. B. mit einem Löffel etwas von einer Schüssel in eine andere umzufüllen, gelingt ihm auch später die Stiftführung nicht zielgerichtet.

Mangelhafte oder schlechte Sprachvorbilder, sprachhemmende Umgebung

In den ersten drei Lebensjahren lernen Kinder über 80 Prozent mittels Nachahmung. Kein Wunder, dass Kinder häufig ihre stotternde Mutter oder den stotternden Vater eine Zeit lang nachahmen. Dieses Stottern legt sich jedoch meistens nach einiger Zeit wieder.

Doch nicht nur Stottern, sondern auch andere Sprachgewohnheiten ahmen Kinder nach. Das kann eine nuschelige Aussprache sein, das hörbar gerollte r, aber auch die Redegewandtheit der Eltern. Ob und wie ein Kind in den ersten Jahren spricht, hängt also stark vom Sprachverhalten seiner Eltern bzw. Bezugspersonen ab. Sind Kinder oft alleine, wird nur sehr wenig oder fehlerhaft in der Familie gesprochen, dann lernt ein Kind das Sprechen nur eingeschränkt. Kinder von spracharmen Eltern haben mit drei Jahren einen deutlich geringeren Wortschatz als Kinder von redseligen Eltern. Statistiken belegen, dass in manchen Familien kaum gesprochen wird, teilweise nur wenige Sätze am Tag.

Die gesamte Familiensituation nimmt also Einfluss darauf, wie ein Kind sprechen lernt, und das kann unter schlechten Bedingungen zu einer Stimmstörung bzw. zu einer *»falschen« Sprechgewohnheit* führen: In Familien, in denen z. B. das Elterngespräch den Vorrang hat oder die älteren Geschwister das jüngere Kind nie zu Wort kommen lassen, versuchen sich Kinder bei den Erwachsenen bzw. Geschwistern lautstark Gehör zu verschaffen. Dabei verspannen sie jedoch ihre Stimmbänder und bekommen eine raue Stimme. Oder aber sie verstummen zunehmend, weil ihnen ja sowieso niemand zuhört.

Manche Kinder beginnen auch zu stottern bzw. fehlerhaft zu sprechen, weil sie von den Eltern beim Sprechen immer wieder unterbrochen werden. Und leider kommt es vor, dass Kinder von ihren Müttern bzw. Vätern täglich angeschrien werden. Nicht selten haben Schreikinder schreiende Mütter. Denn zum einen werden diese Kinder in gewissem Sinne »taub«, da sie immer weniger auf das Geschrei der Mutter hören, und zum anderen reden sie selbst in dem gleichen Tonfall und der gleichen Lautstärke, die sie von zu Hause gewöhnt sind.

Ebenso beeinflusst das Leseverhalten in der Familie den Leselernprozess eines Kindes. Fehlen in der Umgebung des Kindes Bücher und sonstige Leseangebote, lesen die Eltern nicht (außer die Fernsehzeitschrift), hat das Kind zu wenig Anreize, das Lesen zu entdecken. Der erste Zugang zum Lesen[17] geschieht über das Erleben des Lesens wie auch des Schreibens im Alltag des Kindes.

[17] Bereits mit etwa 5½ Jahren erwacht das kindliche Interesse am Lesen.

Zu viel Fernsehkonsum

Auch wenn im Fernsehen viel gesprochen wird, so ist Fernsehkonsum doch kein sprachförderndes Ereignis für Kinder. Im Gegenteil: Wenn Vorschulkinder täglich zwei Stunden fernsehen,[18] schränkt das ihre Sprachentwicklung ein und führt zu Aufmerksamkeitsstörungen und nicht selten zu einer Lese-Rechtschreibschwäche.

Zum einen hört das Kind vor dem Bildschirm nur zu, es wird nicht selbst zum Sprechen angeregt. Doch gerade dies gehört unbedingt zum kindlichen Spracherwerb dazu. Und zum anderen wird vor allem die visuelle Wahrnehmung des Kindes stark angesprochen. Es sieht eine Flut von Bildern, während es weder mit seinen Händen greift noch be-greift (taktil fühlt) und das Hören nur nebenbei abläuft. Beim Fernsehen werden also die taktile und die auditive Wahrnehmung (das Fühlen und Hören) vernachlässigt.[19]

Unsicheres Bindungsverhalten der Eltern

Das Verhalten eines Kindes ist – vor allem in den ersten Lebensjahren – stark vom Verhalten seiner Eltern geprägt. Bieten Eltern ihrem Kind eine sichere Beziehung an, dann geben sie ihm dadurch ein Gefühl von Sicherheit sowie ein positives Selbstwertgefühl (»Ich werde geliebt und

[18] Einigen Statistiken zufolge schauen in Deutschland zweijährige Kinder täglich durchschnittlich zwei Stunden TV. Nach 22 Uhr sitzen demnach noch etwa 800 000 Vorschulkinder vor dem Fernseher und nach Mitternacht sind es noch ca. 50 000 Kinder.

[19] Es wird u. a. ein Zusammenhang zwischen erhöhtem Fernsehkonsum und ADS vermutet.

wertgeschätzt, also bin ich etwas ›wert‹«) und fördern seine Neugierde und Unbefangenheit (s. die Anregungen für ein sicheres Bindungsverhalten, S. 113 ff.).

Ist das Verhalten der Eltern jedoch unsicher, hat das eventuell dramatische Folgen für das Kind und kann zu deutlichen Sprachauffälligkeiten führen. Grob lassen sich folgende drei unsichere Bindungstypen unterscheiden.

Der unsicher-ambivalente Bindungstyp

Die *Bezugsperson* zeigt dem Kind gegenüber ein nicht vorhersagbares Verhalten. Ihre Reaktionen auf das Verhalten und die Bedürfnisse des Kindes sind mal so und mal ganz anders. Oft ist die Bezugsperson übergriffig und stellt ihre eigenen Bedürfnisse in den Vordergrund. Die Bedürfnisse des Kindes werden nicht verlässlich befriedigt.

Als Folge davon wirkt das *Kind* oft ärgerlich und angespannt. Es ist ängstlich, wenn die Bezugsperson in seiner Nähe ist, und zeigt häufiger übertriebene Gefühlsausbrüche. Es spielt nicht, wenn die Bezugsperson nicht dabei ist.

Der unsicher-vermeidende Bindungstyp

Diese *Bezugsperson* ist für das Kind nicht ansprechbar, antwortet nicht auf dessen Bedürfnisse, zeigt sich nicht einfühlsam, verhält sich zurückweisend.

Das *Kind* wirkt zwar gleichgültig, ist jedoch innerlich gestresst. Oft ist es unkonzentriert und kommuniziert nur sehr eingeschränkt.

Der desorganisierte Bindungstyp

Diese *Bezugsperson* ist vermutlich selbst traumatisiert. Sie zeigt dem Kind gegenüber ein angsteinflößendes Verhalten. Sie vernachlässigt oder misshandelt sogar ihr Kind.

Dies löst beim *Kind* widersprüchliches Verhalten aus. Seine Mimik ist unklar und nur schwer zu deuten. So schaut es vielleicht hilfesuchend, ohne jedoch gezielt jemanden anzuschauen. Manchmal verhält es sich auch stereotyp, wiederholt Bewegungen (klopft mit der Hand auf sein Bein, wackelt mit dem Kopf o.Ä.).

Wenn Eltern über lange Zeit ein unsicheres Bindungsverhalten gegenüber ihrem Kind zeigen (was nicht bedeutet, dass man als Mutter oder Vater nicht mal verunsichert oder unklar reagieren darf), wirkt sich das auf die gesamte kindliche Entwicklung hemmend aus. Da mag es sein, dass ein Kind z. B. überstürzt und viel zu viel redet, weil es eine engere Bindung zur Mutter oder zum Vater sucht. Oder ein Kind vermeidet jede Kommunikation, um die zu enge und übergriffige Bindung der Mutter bzw. des Vaters abzuwehren. Egal, mit welcher Art von Beziehungsverhalten ein Kind auf das unsichere Bindungsverhalten seiner Eltern reagiert, immer ist sein neugieriges und offenes Sprachverhalten gehemmt.

Angesichts der verschiedenen Sprachprobleme und ihrer Ursachen werden Sie vielleicht vermutet haben, dass das eine oder andere auf Ihr Kind bzw. auf Sie zutrifft. Zu Ihrer Orientierung finden Sie im folgenden Kapitel einige wichtige Fragen zusammengestellt, die klären helfen, ob bei Ihrem Kind ein Sprachproblem vorliegt.

Wichtige Fragen zur Einschätzung der kindlichen Sprachentwicklung

Wenn Sie einige dieser Fragen mit ja beantworten, ist dies ein möglicher Hinweis auf Sprachprobleme Ihres Kindes. Auch wenn Sie das in Sorge versetzen mag, bedenken Sie bitte, dass in der Regel alle Kinder bis in die Schulzeit hinein sprechen lernen – manche früher, manche später, manche problemlos und andere mit gezielter Unterstützung: mit Spielen bzw. sprachfördernden Übungen (von denen Sie eine kleine Auswahl hinten im Buch finden, ab S. 135).

1. Zeigt das Kind kaum Aufmerksamkeit für seine Umgebung und die Handlungen anderer?
2. Reagiert das Kind nicht auf Geräusche und Töne, blickt es nicht in die Richtung, aus der ein Geräusch kommt?
3. Schreit der Säugling nicht? Oder klingt sein Schreien immer gleich bzw. stereotyp?
4. Produziert das Kind mit einigen Monaten keine Laute? Und ahmt es mit spätestens einem Jahr nicht die Laute der Muttersprache nach?
5. Hört das Kind mit etwa sechs Monaten abrupt auf zu lallen bzw. zu plappern?
6. Lässt sich das Kind nicht von Musik und Gesang beruhigen?
7. Kann das Kind mit ca. $1^1/_2$ Jahren noch keine Personen und Gegenstände benennen?

8. Versteht es einfach formulierte Aufträge nicht, kann es keine kleinen Aufgaben bewältigen? Und erkennt es nicht die Gegenstände, die Sie benennen?
9. Spricht das Kind mit zwei Jahren noch gar nicht?
10. Ist sein Sprechen im Alter von drei Jahren noch nicht zu verstehen?
11. Bildet es mit etwa drei Jahren noch keine Konsonanten (Mitlaute)?
12. Oder kann es mit vier Jahren noch nicht bis drei zählen?
13. Kann es mit vier Jahren noch keine Formen oder Farben unterscheiden?
14. Stottert das Kind länger als neun Monate?
15. Ist sein aktiver Wortschatz (entsprechend seiner Altersstufe) sehr gering? Benutzt es z. B. unpassende Begriffe, verwendet es mit vier Jahren Präpositionen nicht richtig?
16. Kann es mit vier Jahren noch keine grammatisch richtigen Sätze bilden, vertauscht es z. B. Satzteile?
17. Verwechselt das Kind mit fünf Jahren noch Laute (t und k usw.)?
18. Beginnt es mit über fünf Jahren zu stottern?
19. Lispelt das Kind (noch) mit fünf Jahren?
20. Klingt die Stimme Ihres Kindes über viele Wochen (also eine längere Zeit) sehr rau oder heiser?
21. Räuspert sich Ihr Kind auffallend oft, klagt es über eine Enge im Hals, eventuell über Halsschmerzen?
22. Nimmt das Kind keinen Kontakt zu anderen auf, spricht es nicht mit anderen?
23. Verstummt Ihr Kind in bestimmten Situationen?
24. Redet Ihr Kind übertrieben viel bzw. gehetzt, verschluckt es Silben oder sogar ganze Wörter?

25. Schätzen andere Personen, z. B. Oma und Opa, das Sprachvermögen des Kindes als nicht gut entwickelt ein?
26. Stagniert die Entwicklung des Kindes in einzelnen Bereichen: Nimmt es nicht mit allen Sinnen wahr, sind seine Bewegungen schlaff und unkoordiniert, folgen die Augen nicht den Bewegungen der Hände?
27. Machen Sie sich Sorgen über die Sprachentwicklung Ihres Kindes, über seine Stimme oder seinen Wortschatz, sein Wortverständnis, seine Aussprache?
28. Fällt Ihrem Kind selbst auf, dass es mit dem Sprechen Schwierigkeiten hat?

Noch ein paar zusätzliche Fragen, wenn Ihr Kind zweisprachig aufwächst:

1. In welcher Sprache spricht Ihr Kind mit Fremden, bevorzugt es hier regelmäßig eine Sprache?
2. Spricht es eine Sprache deutlich besser als die andere, vermeidet es sogar eine Sprache?
3. Ist das Kind nicht offen für die Zweitsprache?

Was tun, wenn mein Kind Sprachauffälligkeiten zeigt?

Um wirklich abzuklären, ob ein Kind Sprachprobleme hat bzw. Auffälligkeiten in seinem Verhalten zeigt, ist es sinnvoll, einen Termin bei einem/einer Kinderarzt/ärztin oder auch Hals-Nasen-Ohrenärzt/in zu vereinbaren. Allerdings werden hier hauptsächlich körperlich-organische Ursachen und Symptome untersucht und festgestellt.

Um weiteren Rat zu bekommen, kann man zusätzlich bei einem sozialpädiatrischen Zentrum vorstellig werden, das es entweder an einer Universitätsklinik oder beim Gesundheitsamt gibt. Hier arbeiten Ärzte/Ärztinnen, Psychologen/innen und verschiedene Therapeuten/innen (auch Sprach- und Ergotherapeuten/innen) zusammen, sodass die einzelnen Entwicklungsbereiche des Kindes genauer betrachtet werden können. Auch Erziehungsberatungsstellen bieten bei Unsicherheit Information und Unterstützung an. Eltern müssen nicht alles allein schaffen und sollten solche Beratungen und Hilfen deshalb ruhig öfter bei kleinen wie großen Fragen nutzen.

Kinderärzte/ärztinnen vertreten nicht selten den Standpunkt, dass Auffälligkeiten in der Entwicklung eines Kindes »sich auswachsen« und man einfach abwarten solle. Doch leider trifft das nicht immer zu, und so verstreicht manchmal wertvolle, für die Entwicklung bedeutende Zeit. Wenn Sprachprobleme erst beim Schuleintritt auffallen, ist das ein sehr später Zeitpunkt, um die Probleme anzugehen und gerade geöffnete Lernfenster zu nutzen. Es ist also wichtig, dem Kind bei Sprachschwierigkeiten frühzeitig zu helfen.

Um einen Termin bei einem/einer Logopäden/in oder Sprachtherapeuten/in vereinbaren zu können, muss zuvor ein Arzt/eine Ärztin eine entsprechende Verordnung ausstellen, da sie sogenannte »Heilmittelerbringer« sind. Das bedeutet u. a., dass der Arzt/die Ärztin die Behandlungsdauer (in der Regel 30 oder 45 Minuten ein- bis zweimal pro Woche) verschreibt und dass die logopädische bzw. sprachtherapeutische Behandlung für Kinder von der Krankenkasse bezahlt wird (so die Familie krankenversichert ist).

Beim ersten Besuch bei einer Logopädin bzw. Sprachtherapeutin führt diese ein Gespräch mit den Eltern. Sie fragt nach den Problemen des Kindes, darüber hinaus auch nach dem Verlauf der Schwangerschaft, der Geburt und nach der bisherigen Entwicklung. Anschließend führt sie einen diagnostischen Test zum Entwicklungsstand des Kindes durch und prüft, ob es sich bei den Sprachproblemen um Schwierigkeiten eher mit der Aussprache, der Grammatik, dem Wortschatz oder dem Wortverständnis handelt. Dabei schaut sie sich z. B. Bilder mit dem Kind an, die verschiedene Laute beinhalten, oder sie erteilt ihm kleine Aufträge, um herauszufinden, ob es sie versteht und ausführt. Vielleicht zeichnet sie auch Äußerungen des Kindes auf Band auf und überprüft später anhand der Aufnahmen, inwieweit das Kind die Grammatik beherrscht. Zum Abschluss der Sitzung bespricht sie mit den Eltern den weiteren Behandlungsverlauf, der normalerweise gezielte Übungen in spielerischer und kindgerechter Form vorsieht.

Im Telefonbuch und Branchenverzeichnis finden Sie Adressen von Logopäden/innen, Sprachtherapeuten/innen sowie Ergotherapeuten/innen und Psychologen/innen wie auch von Erziehungsberatungsstellen.

Doch eine Stunde in der Woche bei einer Logopädin ist nicht ausreichend, um die Sprachprobleme eines Kindes zu beheben. Immer ist die Mithilfe der Eltern wichtig, ihre Unterstützung zu Hause. Das bedeutet allerdings nicht, dass Eltern plötzlich in die Rolle von Lehrern, Logopäden oder Therapeuten schlüpfen sollen – sie sollen vor allem Eltern bleiben. Auch verkraftet nicht jedes Kind die Doppelrolle der Eltern, die gerade noch annehmend-fürsorglich waren und mit einem Mal Leistung fordern.

Es gibt eine Reihe von spielerischen und einfachen Möglichkeiten, mit denen Eltern im Familienalltag ihrem Kind bei Sprachschwierigkeiten helfen und dabei sogar gemeinsam Spaß haben können, ohne dass sie das Kind belehren. Denn erst durch Spaß und möglichst ohne Zwang und Bestrafung haben solche Spiele und Übungen Chancen auf Erfolg. Am besten lernen Kinder nämlich, wenn sie sich gut dabei fühlen.[20] Zwang und Bestrafung zerstören die Motivation und Freude, die ein Kind zum Lernen unbedingt braucht.

Verzweifeln Sie nicht, wenn Ihr Kind bei einer Übung, einem Spiel oder beim Singen nicht freudig mitmacht. Überprüfen Sie vielmehr, ob die Übung Ihr Kind womöglich überfordert, ob sie zu seinen Interessen passt und ob der Zeitpunkt dafür günstig ist (weil das Kind vielleicht gerade müde oder schlecht gelaunt ist oder Sie selbst eigentlich gar keine Ruhe und Muße haben, mit Ihrem Kind zu üben bzw. zu spielen).

Vertrauen Sie darauf, dass Kinder grundsätzlich lernen und sich weiterentwickeln wollen. In den ersten sechs

[20] Die Lernforschung bestätigt: Emotionen gehen vor Kognitionen.

Lebensjahren lernen sie sogar so viel wie danach nie mehr. Bieten Sie Ihrem Kind eine Übung lieber zu einem späteren Zeitpunkt wieder an, statt mit ihm darüber zu streiten.

Zu Hause eine sprachfördernde, kindgerechte Umgebung gestalten

Neben den gezielten sprachfördernden Spielen und Übungen, die Sie im letzten Teil des Buches finden, können Sie durch Ihr Verhalten (die Qualität der Beziehung, die eigenen Sprachgewohnheiten) und durch die Gestaltung Ihres Familienalltags (z. B. das Schaffen eines rhythmisierten Tagesablaufs, feste Zeiten für Gespräche, gemeinsame Unternehmungen u.Ä.) das Sprachelernen Ihres Kindes insgesamt positiv beeinflussen. Hierzu finden Sie in den nachfolgenden Kapiteln einige Anregungen, vielleicht auch Bestätigung dessen, was Sie schon tun.

Da die Qualität der Beziehung zwischen Kind und (Adoptiv-)Eltern das solideste Fundament für die Entwicklung eines Kindes ist, sei sie hier an erster Stelle genannt.

Eine sichere Beziehung anbieten

Kinder brauchen – und das ist für sie (über-)lebenswichtig – die Beziehung zu mindestens einer Bezugsperson. Die Qualität dieser Beziehung beeinflusst maßgeblich die gesamte Entwicklung des Kindes. Durch die Art der Bindung, die ein Kind in den ersten Lebensjahren erlebt, werden sein Verhalten und das Bild, das es sich von sich und anderen Personen macht, geprägt. Ist sie von unsicherem und negativem Verhalten der Eltern gekennzeichnet, kann dies – wie zuvor angesprochen – zu Sprachverzögerungen beim Kind führen.[21] Das heißt umgekehrt: Je positiver die Beziehungserfahrungen eines Vorschulkindes sind, desto unbefangener und selbstbewusster verhält es sich.

Wie entwickelt sich eine positive Bindung bzw. Beziehung zu unserem Kind, und was können wir dafür tun? Denn gerade Kinder mit Sprachschwierigkeiten brauchen Bezugspersonen mit einem sicheren Bindungsverhalten. Das gibt ihnen den rechten Halt und das nötige Vertrauen, um sich aktiv mit ihren Sprachproblemen auseinanderzusetzen.

Der sichere Bindungstyp bzw. die sichere Bezugsperson ist gefühlsmäßig und körperlich für das Kind zugänglich. Wenn es weint, tröstet sie es, oder sie umarmt und drückt es, wenn es ihr z. B. seine Arme entgegenstreckt. Das heißt, sie nimmt die Bedürfnisse des Kindes einfühlsam wahr und reagiert zeitlich direkt und angemessen (nicht zu viel und nicht zu wenig) darauf. Ihr Verhalten ist eindeutig und relativ vorhersagbar, und sie zeigt ihre Freude am Kontakt mit dem Kind.

Durch solch positives Beziehungsverhalten gewinnt ein Kind Vertrauen zur Bezugsperson, es fühlt sich sicher und spielt gerne, ist aktiv und neugierig. Es kommuniziert offen und direkt mit der Bezugsperson.

Es lohnt sich, sein Verhalten als Mutter/als Vater zu reflektieren, gegebenenfalls an sich zu arbeiten und eigene Unsicherheiten oder widersprüchliches Verhalten zu verändern, um dem Kind eine sichere Beziehung anzubie-

[21] Wobei man nicht den Rückschluss ziehen darf, dass ein Kind mit Sprachschwierigkeiten oder anderen Entwicklungsstörungen immer Eltern hat, die kein sicheres Bindungsverhalten zeigen.

ten. Denn das körperliche und seelische Wohlbefinden, das in der frühen Kindheit besonders von den Eltern bzw. der Familie geprägt wird, sind die grundlegenden Bedingungen für die Entfaltung von Selbstvertrauen und für die erfolgreiche Entwicklung eines Kindes. Das wachsende Selbstvertrauen ermutigt ein Kind zu aktivem Handeln und dazu, seine Probleme beherzt anzugehen.

Das Kind mit seinen Sprachschwierigkeiten annehmen

Sich einzugestehen, dass ihr Kind Sprachprobleme hat, fällt Eltern gewiss nicht leicht. Wenn sie von der Erzieherin oder auch von Verwandten oder Freunden auf Sprachauffälligkeiten bei ihrem Kind aufmerksam gemacht werden, reagieren manche vielleicht mit Verharmlosungen darauf (»Das ist doch nicht so schlimm« oder: »Das wächst sich sicher mit der Zeit aus«). Andere wiederum machen sich plötzlich große Sorgen und reagieren mit entsprechender Besorgnis (»Jetzt muss aber was passieren, sonst lernt es nachher gar nicht richtig sprechen«).

Für ein Kind mit Sprachschwierigkeiten ist es jedoch sehr wichtig, dass seine Probleme von den Eltern angenommen werden und dass sie diese weder leugnen noch überbewerten. Ein Kind sollte sich wegen seiner Sprachauffälligkeiten nicht abgelehnt, sondern so akzeptiert fühlen, wie es ist: »Du bist gut so, wie du bist.« Nur weil das Kind etwas noch nicht kann, heißt das nicht, dass es nicht nett und liebenswert ist.

Die Einstellung, die ich zu den Sprachproblemen meines Kindes habe, werden diese beeinflussen. Eine grundsätzlich annehmende und positive Grundhaltung hat auch positive Auswirkungen, eine negative, abwertende Haltung hingegen hat negative Auswirkungen.

Das Kind aufmerksam und einfühlsam beobachten

Damit wir unserem Kind individuelle, also seinem Entwicklungsstand entsprechende Übungen und Förderung anbieten, ist es wichtig, es dort abzuholen, wo es gerade steht. Um das herauszufinden, bedarf es unserer aufmerksamen und einfühlsamen Beobachtung. Diese sollte mit Zurückhaltung vor sich gehen und frei von Kommentaren sein, sodass das Kind sich nicht kontrolliert und verunsichert fühlt.

Lassen Sie sich Zeit, um Ihr Kind und sein Verhalten genauer zu beobachten. Nehmen Sie sich die im vorangegangenen Kapitel aufgelisteten Fragen zu Hilfe, und schauen Sie nicht auf alles gleichzeitig. Wählen Sie lieber einzelne Aspekte aus, damit Sie nicht durcheinanderkommen. Die Sprachentwicklung umfasst ja, wie bereits gezeigt, sehr viele verschiedene Faktoren. Fassen Sie Ihre Beobachtungen am Abend ruhig in ein paar Notizen zusammen. Dann haben Sie nach einigen Wochen einen etwas differenzierteren Eindruck von der Sprachentwicklung Ihres Kindes und seinen Schwierigkeiten.

Vielleicht nehmen Sie auch einmal ein »Alltagsgespräch« Ihrer Familie auf Kassette auf. Diese Aufnahme gibt Ihnen nicht nur Informationen über das Sprachverhalten Ihres Kindes, sondern auch über Ihr eigenes sowie das Sprachverhalten von den Geschwistern.

Achten Sie bei Ihren Beobachtungen auch darauf, wie Ihr Kind mit seinen Sprachproblemen umgeht: Spürt es seine Probleme? Welche Vermeidungen oder auch nützlichen Strategien hat es hierzu entwickelt? Benutzt es z. B. andere als Sprachrohr? Oder redet es wenig, vermeidet den Kontakt zu Fremden, weil die es schlechter verstehen?

Das eigene Sprachverhalten beobachten und reflektieren

Wie zuvor beschrieben, nimmt das Sprachverhalten in einer Familie großen Einfluss auf die Sprachentwicklung des Kindes. Neben der Beobachtung des kindlichen Sprachverhaltens sollten wir deshalb auch unsere eigenen Sprachgewohnheiten näher betrachten. Denn manche sind sprachfördernd, andere hingegen sprachhemmend. Eltern, die gerne, deutlich und eindeutig sprechen, sind gute Sprachvorbilder.

Unsere eigenen Sprachgewohnheiten sind uns allerdings selten bewusst. Aus diesem Grund ist es sinnvoll, einmal einen Tag lang seine eigenen Sprachgewohnheiten zu beobachten:

- Spreche ich deutlich, und versteht mein Kind, was ich ihm sage?
- Habe ich mein Kind angeschaut, während ich mit ihm sprach?
- Wie oft habe ich heute mit ihm gesprochen?
- Wie oft hat mein Kind mich heute mit anderen sprechen gehört?
- Habe ich ihm Fragen gestellt?
- Erzähle ich von meinen Erlebnissen?
- Wie oft drücke ich aus, dass ich meine Ruhe haben will?
- Freue ich mich über die Fragen meines Kindes, oder nerven sie mich?
- Spreche ich in ganzen und verständlichen Sätzen mit ihm?
- Wähle ich die richtigen Wörter, benutze ich viele verschiedene Wortarten wie Adjektive usw.?
- Ist meine Stimme laut oder eher leise?
- Breche ich den Redefluss auch mal ab?

- Holpere ich in meiner Aussprache manchmal?
- Bilde ich die einzelnen Laute richtig: das m mit geschlossenen Lippen, das s mit der Zunge hinter den Zähnen usw.?
- Wie viele Verbote habe ich heute ausgesprochen?
- Schaue ich weg, wenn mein Kind nicht richtig, zu langsam, zu holprig spricht?

Vielleicht fällt einem bei näherer Betrachtung auf, wie undeutlich, wie selten oder auch wie gereizt, gar unfreundlich man mit seinem Kind spricht.

Wenn wir ehrlich sind, ist unser Sprachverhalten kleinen Kinder gegenüber oft sehr grob und unfreundlich. Leider sagen wir viel zu häufig: »Stell dich nicht so blöd an!« – »Pass doch mal auf!« – »Dich kann man ja nie aus den Augen lassen, immer stellst du was an!« – »Du nervst!« – »Nein, lass das!« etc. Der Tonfall ist dabei oft verärgert.

Solch negatives Sprachverhalten regt jedoch nicht zum Sprechen an, sondern schüchtert ein, verletzt sogar manchmal die Würde des Kindes. Und das, während es gerade neugierig und lernbereit die Welt erkundet.

Die Meinung von Verwandten, Freunden/innen und Erzieherinnen berücksichtigen

Da der Eindruck einer Mutter bzw. eines Vaters sehr subjektiv ist und häufig entweder zu positiv (»Meine Tochter spricht schon sehr gut, sie will nur nicht immer reden«) oder zu negativ ausfällt (»Tim spricht mit drei Jahren immer noch keine ganzen Sätze, sein Cousin ist da schon viel besser«), sollten wir unbedingt auch die Meinung anderer erfragen. Wie schätzen andere Erwachsene das Sprachverhalten Ihres Kindes ein? Verstehen sie, was das Kind sagt und meint? Besonders Erzieherinnen haben viel Erfahrung mit Kindern und können kindliches Sprachverhalten deshalb gut einschätzen – auch wenn ihre Meinung vielleicht nicht ganz der eigenen entspricht. Zum Wohl des Kindes sollten jedoch alle Hinweise auf Sprachauffälligkeiten ernstgenommen und eventuell durch eingehende Untersuchungen abgeklärt werden.

Nicht zum Sprachrohr des Kindes werden

Damit ein Kind selbst spricht, auch wenn das manchmal noch recht stockend geht, sollten Eltern nicht anstelle ihres Kindes sprechen. Wird es etwas gefragt, sollten nicht sie antworten, sondern das Kind. Wenn die Erzieherin sich etwa erkundigt: »Hast du gut geschlafen?«, dann sollte die Antwort darauf nicht von der Mutter kommen, auch wenn sie sie kennt, sondern das Kind sollte Zeit und Gelegenheit haben, selbst zu antworten.

Ordnung und Regelmäßigkeit im Alltag anbieten

Kinder mit Sprachproblemen haben oft auch Schwierigkeiten, sich zu orientieren – was ja auch für ein kleines Kind in einer ihm noch fremden Welt nicht einfach ist. Ordnung und Regelmäßigkeit bieten ihm hierbei klare Strukturen und eine bessere Übersicht. Ein Kind benötigt Fixpunkte, die die »große, fremde weite« Welt überschaubarer machen und ihm den Mut geben, sich immer selbstständiger in diese hineinzubegeben und darin zu bewegen. Auch wir Erwachsene suchen uns in fremden und unbekannten Situationen solche Orientierungspunkte, um besser zurechtzukommen.

Während wir mit Ordnung vor allem Aufräumen und

Sauberhalten verbinden – eine oft eher lästige Angelegenheit –, gibt es eine Ordnung, die nicht nur sinnvoll, sondern auch sehr wichtig für die Entwicklung der kindlichen Sprachfähigkeit und Intelligenz ist: Lernt ein Kind die Fülle von Buchstaben, kann es noch lange nicht sprechen. Erst wenn es die Buchstaben unterscheiden und sinnvoll anordnen kann, werden daraus Begriffe. Und erst in grammatisch richtig strukturierten Sätzen wird daraus verständliche Sprache.

Kinder haben sogar von Natur aus ein großes Bedürfnis nach Ordnung und Regelmäßigkeit. Bis ins Schulalter hinein können wir dies z. B. an der Freude beobachten, mit der Kinder alles Mögliche sortieren. Sie sammeln und ordnen leidenschaftlich gerne Steine, Stöcke, Spielautos und vieles mehr nach Größe, Form oder Farbe. All das bereitet sie u. a. (wie bereits angesprochen) auf die Mathematik und die Sprache vor. Das Ordnen und Sortieren setzt nämlich voraus, dass man Gemeinsamkeiten und Unterschiede von Dingen erkennt und versteht, und fördert somit die gesamte Intelligenz.

Ferner zeigt sich das große kindliche Bedürfnis nach Ordnung auch daran, dass kleine Kinder sich oft schwertun, wenn ihr Tag mal ganz anders verläuft als sonst. Besonders im Urlaub sind viele kleine Kinder weinerlicher als zu Hause.

Es hilft Kindern, wenn der Tagesablauf klar strukturiert und von sich immer wiederholenden Ereignissen gekennzeichnet ist. Jede Familie hat hier ihre eigenen kleinen Rituale: etwa beim morgendlichen Aufstehen und Frühstücken, bei der Art der Begrüßung und des Sich-Verabschiedens und vielem mehr. Zu den festen Größen im Tagesablauf eines Kindes zählt auch das relativ gleichbleibende Verhalten der Eltern (s. auch das Kapitel »Eine sichere Beziehung anbieten«, S. 113 ff.). Kommt das Kind nicht zum Abendessen, wird die Mama ärgerlich, zappelt es am Tisch und spielt mit dem Essen herum, schimpft der Papa. Die Reaktionen der Eltern sollten für ein Kind vorhersagbar und ihm vertraut sein, denn das gibt ihm Sicherheit. (Dabei lernt es natürlich auch, dass sein Verhalten etwas bewirkt und dass es einen Zusammenhang von Ursache und Wirkung gibt.)

Neben einer geordneten Tagesstruktur ist auch die räumliche Ordnung für ein Kind wichtig. Indem die Dinge ihren Platz bekommen, wird die Welt übersichtlicher. Alle Bauklötze sind in einer Kiste, die Kleidung hängt im Schrank, alle Puppen und Puppenkleider liegen in einer Schachtel, Bilder- und andere Bücher stehen zusammen im Regal usw.

Beim Ordnen von Dingen bilden wir Gruppen mit ähnlichen Gegenständen. Und dieses Ordnen ist u. a. wichtig für die Sprache, wo wir auch Wortgruppen bilden, etwa Wörter unter Oberbegriffen zusammenfassen (zur Kleidung gehört die Hose, die Bluse, der Pullover usw.).

Wenn wir Eltern also

- den Alltag rhythmisieren,
- vertraute Rituale anbieten (das zärtliche Streicheln übers Gesicht vor dem Einschlafen, der Luftkuss beim Abschied usw.),
- den Dingen ihren Platz geben,
- zuverlässig sind (ein Versprechen einhalten, uns relativ vorhersagbar bzw. für das Kind verlässlich verhalten usw.),
- auf Pünktlichkeit achten (geht ein Kind in den Kindergarten, sollten die täglichen Bring- und Abholzeiten immer die gleichen sein),

- klare Regeln und Grenzen setzen (den anderen ausreden lassen, wer nicht Zähne putzt, bekommt nichts Süßes, usw.),
- Kinder ungestört Gegenstände aller Art sortieren lassen,

dann machen wir die »chaotische« Welt für unser Kind ein wenig übersichtlicher und vertrauter.

Dem Kind Zeit geben

Jedes Kind entwickelt sich und lernt in seinem eigenen Rhythmus und Tempo – manche Kinder langsamer und andere schneller. Auf jeden Fall brauchen Kinder Zeit zum Lernen. Hat ein Kind Sprachprobleme, werden diese nicht von heute auf morgen verschwinden. Je nach Grad der Problematik kann es mehrere Jahre dauern und häufiges Üben erfordern, bis das Problem einigermaßen behoben ist.

Geben wir den Kindern diese Zeit. Das bedeutet für Eltern, viel Geduld aufzubringen und darauf zu vertrauen, dass sich Sprachprobleme (zumindest in den meisten Fällen) lösen lassen.

Positiv mit Fehlern umgehen

Dem Kind Zeit zum Lernen zu geben heißt auch, die Fehler, die es dabei macht, nicht ständig zu korrigieren und das Kind nicht andauernd zu kritisieren: »Du weißt doch, dass es ›Banane‹ heißt. Jetzt stell dich nicht dümmer an, als du bist, und sage es richtig …« Das verunsichert ein Kind nur und hat eine ähnlich demotivierende Wirkung, wie im Beisein des Kindes mit anderen über dessen Sprachprobleme zu sprechen. Ganz sicher führen Korrigieren und Kritisieren nicht zu einer Besserung.

Wir müssen davon ausgehen, dass ein Kind grundsätzlich sein Bestmögliches tut – auch wenn das Fehler beinhaltet. Doch Fehler gehören zum Lernen notwendig dazu. Sie sind eine wichtige Grundlage für weitere Fortschritte. Nur leider bewerten und korrigieren wir Erwachsene – aus Sorge und guter Absicht heraus – solche Fehler allzu häufig, anstatt darauf zu vertrauen, dass das Kind richtig sprechen lernen *will.* Zu einem krabbelnden Kind sagen wir ja auch nicht: »Das ist falsch!« Vielmehr wissen wir, dass das Krabbeln eine wichtige Vorstufe zum aufrechten Gehen ist, und vertrauen darauf, dass das Kind innerhalb weniger Monate das auch tun wird.

Mit dem Sprechenlernen ist es ähnlich. Spricht ein Kind einen Laut oder eine schwierige Konsonantenverbindung (sch, pf oder ch) falsch aus, nützt es ihm wenig, wenn wir seinen Redefluss unterbrechen und es auf seinen Fehler aufmerksam machen: »Das heißt doch nicht ›Tis‹, sondern ›Tisch‹! Sag also ›Tisch‹!« Das kann das Kind als demütigend empfinden. Gleichzeitig wächst seine Sorge, Wörter nicht richtig aussprechen zu können, und hemmt seine Sprachfreude.

Führen Sie lieber das Gespräch inhaltlich weiter, und bieten Sie Ihrem Kind dabei das richtig ausgesprochene Wort an: »Ja, ich decke jetzt den Tisch. Willst du mir helfen, den Tisch zu decken?« Zusätzlich können Sie Spiele und Übungen mit Ihrem Kind durchführen, die gezielter die Aussprache des schwierigen Phonems sch fördern, z. B. Pustespiele (vgl. hierzu das nächste Kapitel, S. 146 f.). Setzen Sie also da an, wo der Fehler seine Ursache hat.

Beim Fremdsprachenlernen würden auch wir bald den Spaß verlieren, wenn andauernd jemand unsere Fehler verbessert: Die französischen Nasale oder das spanische (rollende) r liegen nicht jedem, und es bedarf einiger Übung, bis sie einigermaßen fehlerfrei gelingen.

Die Erfahrung zeigt, dass die Behandlung von Sprachstörungen bei Kindern, die nicht ständig von ihren Eltern verbessert und kritisiert werden, doppelt so schnell beendet ist wie bei Kindern, deren Eltern häufig mahnen: »Sprich nicht so schnell!« – »Das heißt nicht ›Metterling‹, sondern ›Schmetterling‹« usw.

Auch beim Schreibenlernen besteht bis heute das Vorurteil, dass Fehler schlecht seien, sich einschleifen könnten und unbedingt direkt verbessert werden müssten. Doch Schreibenlernen bedeutet, dass Kinder sich die Schrift erst einmal erdenken und ihre eigenen Erfindungen dabei machen müssen. Wer lernt, muss entdecken, muss Zweifel und Fragen haben dürfen. Deshalb sind Fehler auch bei den Schreibanfängen wichtig und notwendig. Eigentlich schreiben Kinder anfangs nach Gefühl, und das sieht oft wild aus: LENA FATAILT GESENKE (Lena verteilt Geschenke).

Wie ein Wort korrekt geschrieben wird, entdeckt das Kind früher oder später, wenn es beim Lesen, in der Schule und im Alltag immer wieder die richtige Schreibweise sieht. Fehlen allerdings Bücher und die Möglichkeit, anderen beim Schreiben zuzusehen, kann das Kind auch nicht richtig schreiben lernen.

Sprechen Sie mit Ihrem Kind ruhig auch über seine Sprachprobleme. Dann weiß es, dass Sie seine Fehler bemerken. Mit Fehlern gut umzugehen kann nicht bedeuten, dass wir einfach über sie hinweggehen. Vielmehr ist es hilfreich, ein Kind auch einmal zu fragen, wie es ihm damit geht. Bieten Sie Ihrem Kind an, ihm bei seinen Sprachproblemen zu helfen, und sagen Sie ihm, dass Fehler nicht schlimm sind.

Gemeinsam spielen und Ausflüge unternehmen

Mit Kindern zu spielen (Kartenspiele, Brettspiele, Verstecken, Ballspiele usw.) sowie interessante Ausflüge zu unternehmen (in den Zoo, ins Schwimmbad usw.) sind wunderbare Gelegenheiten, gemeinsam zu lachen und gemeinsam zu lernen.

Lachen darf auf keinen Fall bei all dem fehlen. Denn beim Lachen fühlen wir uns wohl,[22] und dieses Wohlgefühl regt die Neugierde an und öffnet neue Lernfenster. Glückliche Kinder lernen leichter (allerdings nicht unbedingt schneller) als traurige Kinder.

Gemeinsam zu lachen fördert eine gute Beziehung. Humor, den man miteinander teilt, drückt aus: Wir finden das Gleiche lustig, und das verbindet uns. Das gibt einem Kind den notwendigen Halt.

Mit Kindern zu spielen macht nicht nur Spaß – das gemeinsame Spiel fördert die gesamte Entwicklung eines Kindes (seine sozial-emotionale und kognitive Entwicklung sowie seine sprachlichen Fähigkeiten).

Bei Brettspielen lernt ein Kind auch, Regeln zu verstehen und einzuhalten, abzuwarten, bis man an der Reihe ist, auszuhalten, dass man verliert, was die Zahlen auf dem Würfel bedeuten oder was es heißt, mit einer Spielfigur vorwärts- oder rückwärtszugehen.

Vergleichbar viele Möglichkeiten bieten Familienausflüge und gemeinsame Freizeitaktivitäten – die jedoch mit Rücksicht darauf, was dem Kind guttut, ausgewählt werden sollten. Ein Kind, das meist zu laut spricht und zu Schreiknötchen neigt, wird auf dem Fußballplatz nur noch mehr zum Schreien verleitet. Stattdessen braucht

[22] Es werden beim Lachen u. a. Glückshormone ausgeschüttet.

das laute Kind Zeit und Gelegenheit, um sich körperlich auszutoben. Ein Kind mit Hörproblemen wird sich im Hallenbad schnell überfordert fühlen, weil die vielen Geräusche hier besonders laut hallen. Den Ohren dieses Kindes würde eine kleine Exkursion in den Wald sicher besser gefallen.

Welcher Ort und welche Freizeitaktivität Ihrem Kind guttut, hängt also von den Bedürfnissen Ihres Kindes ab.

Viele Gelegenheiten für ein Gespräch schaffen und eine positive Kommunikation in der Familie fördern

Während der gemeinsamen Aktivitäten ist immer Zeit für ein Gespräch mit dem Kind. Solche Gespräche sollten eigentlich mehrmals täglich stattfinden, doch in der Hektik des Alltags kommen sie manchmal leider zu kurz. Um das zu vermeiden, sind z. B. gemeinsame Mahlzeiten, das Zu-Bett-Bringen und gemeinsames Aufräumen gute Gesprächstermine. Damit ein Gespräch zustande kommt und positiv verläuft, sind einige *Kommunikationsregeln* wichtig. Dazu gehört z. B.:

1. Man nimmt sich Zeit für das Gespräch und beteiligt sich mit Aufmerksamkeit und Interesse daran – das bedeutet, während dieser Zeit andere wichtige Gedanken (»ich muss noch einkaufen«, »ich darf den Brief nicht vergessen« usw.) auch einmal beiseitezuschieben.
2. Alle – auch kleine Geschwisterkinder – dürfen zu Wort kommen. Oft sind es nämlich einzelne Familienmitglieder, vielleicht die Eltern oder die größeren Geschwister, die das Gespräch lautstark dominieren, sodass die kleineren Kinder entweder verstummen oder

aber schreiend versuchen, sich zu behaupten. Die Kinder sollten in den Gesprächen zu Hause erleben: »Ich werde gehört.« Das heißt auch, die Gedanken und die Meinung eines jeden, auch kleinerer Kinder, ernst zu nehmen.

3. Wer etwas sagt, darf zu Ende sprechen. Die anderen hören so lange zu und reden nicht dazwischen.
4. Interessierte Äußerungen und ehrliches Nachfragen regen Kinder zum Weitererzählen an: »Aha, das finde ich ja spannend, erzähl weiter.« Oder: »Ah ja, und was hast du dann gemacht?«
5. Bei Gesprächen achten wir nicht nur auf den Inhalt dessen, was gesagt wird, sondern auch sehr stark auf die Körperhaltung und den Tonfall. Erwachsene nehmen in der Regel nur zu ca. sechs Prozent den Inhalt, zu ca. 30 Prozent den Tonfall und zu ca. 64 Prozent die Körpersprache wahr. Bei Kindern ist das Verhältnis noch krasser: Sie achten nur zu etwa drei Prozent auf den Inhalt, zu ca. 30 Prozent auf den Tonfall und zu rund 67 Prozent auf die Körpersprache. Deshalb ist es wichtig, dass unser Tonfall und unsere Körpersprache mit dem, was wir inhaltlich sagen, übereinstimmen. Sonst senden wir Doppelbotschaften, die Kinder verwirren. Sage ich z. B. »Aha, das interessiert mich« in einem gelangweilten Ton und schaue dabei weg, mache vielleicht noch eine abfällige Bewegung mit der Hand, dann wird sich das Kind eher nicht zum Weiterreden aufgefordert fühlen. Schaue ich das Kind jedoch an, öffne meine Hände in seine Richtung und rede in munterem Tonfall, dann wird es mein Interesse ernst nehmen.
6. Die Beteiligten eines Gesprächs schauen einander an. Erst durch den Blickkontakt signalisieren wir: »Ich

höre dir zu, es interessiert mich, was du sagst.« Wir wundern uns häufig darüber, dass uns die anderen Familienmitglieder nicht richtig zuhören. Doch nicht selten liegt das daran, dass wir mit unserem Kind (oder auch mit unserem Partner) reden, ohne es dabei anzuschauen, weil wir nebenher den Kleiderschrank einräumen oder sonst etwas erledigen.

7. Beleidigungen beenden ein Gespräch schneller, als einem lieb ist. Deshalb sollte man sie vermeiden und respektvoll miteinander sprechen.
8. Gespräche verlaufen ebenfalls positiver, wenn wir von uns selbst sprechen und Sätze häufiger mit »ich« statt mit »du« beginnen. Spricht ein Kind beispielsweise bei Tisch zu laut und hektisch, haben wir zwei Möglichkeiten, es zu bitten, leiser zu sprechen: »*Du* sollst nicht so laut schreien, lass das sein.« Oder: »*Ich* kann dir nicht gut zuhören, wenn du so laut redest. Bitte sprich etwas leiser.« Auf solche sogenannten »Ich-Botschaften«[23] reagiert ein Kind (wie alle Gesprächspartner/innen) positiv, während Sätze, die mit »du« anfangen, oft abgewehrt werden, weil sie einen Vorwurf enthalten: »Du nervst« ist eine ganz andere Botschaft als »Ich brauche gerade ein wenig Ruhe«.
9. Gespräche bedürfen natürlich eines Themas, das vielleicht mal das Kind aus dem Kindergarten mitbringt und mal ein Elternteil aus der Arbeit. Jeder sollte seine Themen zu Gehör bringen dürfen.
10. Und zu guter Letzt sollten sich die Gesprächsteilnehmer möglichst so ausdrücken, dass die anderen sie verstehen. Ein Kind kennt noch nicht alle Wörter. Um sich am Gespräch beteiligen zu können, braucht es

[23] vgl. Thomas Gordon: Familienkonferenz. Reinbek: Rowohlt.

deshalb bisweilen kindgerechte und an seinen Erfahrungen orientierte Erklärungen. Schön, wenn das Kind von sich aus fragt: »Was heißt das?« Doch auch wir können nachfragen: »Weißt du, was das ist?«

Mit Schimpfwörtern und Beleidigungen umgehen

Schimpfwörter sind ein normaler und auch faszinierender Teil unserer Umgangssprache. So zu tun, als gäbe es sie nicht, oder sie grundsätzlich zu verbieten ist unrealistisch und macht sie nur umso spannender. Und nicht darauf zu reagieren, wenn Kinder andere beschimpfen und beleidigen, verharmlost die verletzende und Gewalt ausübende Seite von Sprache.

Kinder müssen lernen, mit Schimpfwörtern und sexualisierter Sprache umzugehen, indem sie klare Reaktionen und sinnvolle Grenzen gesetzt bekommen. In der Familie sollten sie lernen, dass böse Worte kränken, indem man als Mutter oder Vater auf Beleidigungen und Schimpfwörter eindeutig reagiert: »Das tut mir weh. Ich will nicht, dass du ›blöde Kuh‹ zu mir sagst.« Ändert ein Kind auch nach wiederholten Hinweisen und Ermahnungen sein verletzendes Verhalten nicht, wird es notwendig sein, nach dem Grund seiner Provokationen zu suchen.

Selbstverständlich darf man auch umgekehrt ein Kind nicht verbal kränken. Beleidigende und erniedrigende Aussagen wie »Stell dich nicht so blöd an«, »Du Versager«, »Auf dich kann man sich sowieso *nie* verlassen«, »Mach schnell, sonst setzt's was«, »Mach doch, was du willst«, »Du bist blöd« und ähnliche sollten Eltern aus ihrem Sprachgebrauch streichen. Nicht das Kind ist »blöd«, wenn ihm etwas kaputt geht oder es etwas falsch macht, sondern diese Sache bzw. Situation ist es. Statt

»Du bist blöd« sollte man also »Das ist blöd« sagen. Es ist nämlich auch für das Kind »blöd«, wenn es etwas noch nicht richtig beherrscht.

Vor allem Zusätze wie »immer«, »alles«, »nie« und »überhaupt nicht« werten die gesamte Person ab und lassen ihr keine Chance, es zukünftig besser zu machen. Wollen wir ein bestimmtes Verhalten des Kindes ansprechen oder ein konkretes Problem, genügt es, wenn wir uns auf diese eine Sache beziehen und nicht das Kind als Person herunterputzen. Wörter sind mächtig und können Realität werden. Kinder, zu denen wir »Zappel nicht immer so« sagen, zappeln irgendwann wirklich immer.

Um ein Kind dennoch »schmutzige«, sexualisierte und freche Wörter ausprobieren zu lassen, kann man sich über Orte und Situationen verständigen, wo diese erlaubt sind, z. B. im Badezimmer oder im Gartenhaus.

Die Selbstständigkeit und das Selbstvertrauen des Kindes fördern

Kinder sind gerne aktiv und wollen möglichst viel selbst ausprobieren. Denken wir nur an den Lieblingssatz von Kindern: »Will alleine machen«. Wie stark dieses Bedürfnis ist, etwas allein zu können, erleben wir, wenn wir in die Aktivität eines Kindes ungefragt eingreifen. Es reagiert meistens wütend und schreiend darauf. Nehmen wir z. B. einem zweijährigen Kind den Löffel weg und füttern es, wird es sich dagegen wehren, denn es will ohne unsere Hilfe essen.

Kommt es ohne große Unterstützung und ständiges Eingreifen im täglichen Leben gut zurecht, wird es stolz auf sich sein. Sein Selbstvertrauen und sein Selbstwertgefühl wachsen mit dem Wissen: »Das kann ich alleine.«

Treten dann einmal Probleme auf, wird das Kind das notwendige Selbstvertrauen und die Kraft besitzen, mit ihnen umzugehen.

Es gibt viele Gelegenheiten, die Selbstständigkeit unseres Kindes zu fördern und darüber auch sein Selbstvertrauen zu stärken. So sollte ein Kind früh lernen, sich selbstständig an- und auszuziehen, allein zu essen und zu trinken, sich bei Tisch selbst den Saft (aus einer kleinen Karaffe, die in eine Kinderhand passt) einzuschenken, sich selbst die Haare zu kämmen. Am besten gelingt das, wenn wir diese täglichen Verrichtungen dem Kind nicht abnehmen, weil wir ihm nicht zutrauen, dass es sie selbst bewältigt, sondern wenn wir ihm mit langsamen und deutlichen Bewegungen vormachen, wie es geht: Welche Bewegungen sind nötig, wenn ich einen Knopf schließe, wenn ich mir die Hände wasche?

Ein zweijähriges Kind, das selbstständig mit dem Besteck essen möchte, sollte das ungestört üben dürfen, auch wenn es dabei reichlich kleckert. Erst durch häufiges Üben und Ausprobieren lernt es, seine Bewegungen immer besser zu koordinieren, und eignet sich so feinmotorisches Geschick an. Und eines Tages wird es dann voller Stolz seine eigenen Brote schneiden und schmieren.

Wenn ein Kind etwas noch nicht kann, wird es uns um Hilfe bitten – doch so lange sollten wir warten. Ein Kind hält uns seine Jacke schon hin, wenn es nicht weiß, wie die Knöpfe zugehen. Seine Bitte lautet allerdings nicht: »Mach du das für mich«, sondern »Hilf mir, es selbst zu tun« bzw. »Zeige mir, wie das geht«. Durch Hilfe zur Selbsthilfe bestärken wir unser Kind in dem, was es kann, und orientieren uns nicht an dem, was es noch nicht kann. Auf diese Art sollten wir die gesamte Entwicklung unseres Kindes begleiten.

Zusammenfassung: Ein gutes Sprachvorbild sein

Lassen Sie uns noch einmal zusammenfassen, worauf wir achten können, damit wir ein gutes Sprachvorbild für unser Kind sind:

- Sich Zeit nehmen für das Miteinander und den Dialog.
- Freude am Dialog und am Austausch mit dem Kind zeigen.
- Bereits mit kleinen Kinder sprechen, auch wenn sie uns nicht immer verstehen.
- Freundlich sprechen.
- Auf Körpersprache, Mimik und das langsam sich verändernde Schreien des Kindes achten und angemessen antworten.
- Was wir inhaltlich sagen, sollte mit unserer Körpersprache und unserem Tonfall übereinstimmen.
- Eindeutige Begriffe verwenden: Eine Jacke ist eine Jacke und nicht mal ein Jackett und dann ein Anorak.
- Einen Auftrag eindeutig als Auftrag und nicht als Frage formulieren: Auf Aufforderungen hin erwarten wir eigentlich keine Antwort, sondern möchten, dass das Kind der Aufforderung nachkommt. Doch häufig kleiden wir sie in eine Frage und wundern uns dann, wenn unser Kind diese verneint: Auf die Frage »Kommst du essen?« wird ein spielendes Kind vermutlich mit »nein« antworten. Wie unverschämt, denken wir dann vielleicht. Doch das Kind zeigt mit seiner Antwort, dass es unsere Frage korrekt verstanden hat. Wie seltsam muss es dem Kind vorkommen, wenn wir Eltern ärgerlich darauf reagieren und in gereiztem Ton fortfahren: »Du kommst jetzt sofort essen, hast du gehört?« Eindeutiger wäre

hingegen, von Anfang an zu sagen: »Bitte komme jetzt essen!«

- Auf eine gute Aussprache achten, indem wir langsam, klar und deutlich sprechen.
- Sich der Sprachfähigkeit des Kindes anpassen und es nicht über- und nicht unterfordern: Kleinkinder verstehen z. B. lange, verschachtelte Sätze noch nicht, ebenso wenig kann ein Vorschulkind mit abstrakten Begriffen etwas anfangen. Am besten fragen wir ab und zu nach: »Ich hole das Fieberthermometer. Weißt du, was das ist?« Kennt das Kind das Wort noch nicht, erklären wir es ihm kindgerecht und orientieren uns dabei möglichst an seinem bisherigen Erfahrungsschatz.
- Mit dem Kind regelmäßig sprechen, es durch Fragen zum Sprechen anregen und ihm dabei aufmerksam zuhören.
- Sich interessiert und fragend zeigen.
- Auf Äußerungen des Kindes reagieren und es darüber zum Weiterreden anregen, z. B. durch ein Nicken, ein Lächeln oder Erstaunen, ein »Aha« oder die Mitteilung: »Das finde ich ja spannend.«
- Kinderfragen ernst nehmen: Es gibt keine dummen Fragen.
- In Ruhe zuhören, wenn das Kind spricht, denn kleine Kinder sprechen oft langsamer und drücken sich umständlicher aus; dabei das Kind unbedingt anschauen und so unser Interesse an seinen Worten signalisieren.
- Mehr auf das, was ein Kind erzählt, achten und nicht auf die Form und seine »Fehler«.
- Das Kind beim Sprechen möglichst nicht unterbrechen, auch wenn es Fehler macht.
- Geduld haben, wenn nicht immer alles gleich klappt.

- Fehler und Sprachschwierigkeiten akzeptieren und annehmen, nicht abwehren.
- Einen Fehler beim Sprechen dadurch korrigieren, dass man das Wort oder den Satz des Kindes aufgreift und richtig wiedergibt: Dies sollte direkt im Anschluss an die kindliche Äußerung eher beiläufig geschehen und ihren Inhalt wiederholen, sodass das Gespräch dadurch fortgeführt wird. Sagt ein kleines Kind z. B. »Wau-Wau« und zeigt auf einen Hund, wäre die Antwort darauf: »Ja, da ist ein Hund.«
- Im Beisein des Kindes mit dem Partner und anderen Menschen reden und dabei auf die Regeln für eine positive Kommunikation achten (Beispiele hierzu auf S. 126 ff.). Ein Kind sollte im Sprachalltag auch erleben, dass Menschen nicht immer und überall gleich miteinander reden. Je nach Rolle und Situation sprechen wir anders: In der Familie herrschen andere Gesprächsregeln als in der »Öffentlichkeit«: im Kindergarten, in der Schule,
in einem Restaurant, im Geschäft und im Berufsleben.
- Bei Sprachproblemen dem Kind gezielte, sinnvolle Übungen und Spiele anbieten, die in kleinen Schritten seine Sprachfähigkeit stärken.

Sprachfördernde Spiele und Übungen

Hier finden Sie einige Übungen, die Sie z. T. bereits mit Kindern unter einem Jahr ausprobieren können, wenn Sie z. B. beobachten, dass Ihr Kleinkind noch keine Laute produziert, oder wenn seine Muskulatur schlaff wirkt. Bei den Übungen für Kleinkinder habe ich eine Altersangabe gemacht. Viele andere Übungsvorschläge sind für Kinder zwischen etwa eineinhalb und sechs Jahren – je nach Schwierigkeitsgrad. Am besten bieten Sie Ihrem Kind eine Übung an und schauen, ob es Freude daran findet und dabei nicht über- oder unterfordert ist.

Damit die Übungen und Spiele gelingen, sollten einige grundsätzliche Dinge beachtet werden:

1. Der Zeitpunkt, zu dem Sie Ihrem Kind eine Übung anbieten, sollte gut gewählt sein. Ist Ihr Kind zu müde oder hungrig, kann es nicht freudig und konzentriert auf Ihr Angebot eingehen. Und wenn Sie selbst sehr angestrengt sind, spürt Ihr Kind das und wird davon negativ beeinflusst. In einer entspannten Atmosphäre lernen Kinder viel besser als in einer angespannten Situation.
2. Schauen Sie freundlich, und zeigen Sie selbst Interesse oder sogar Begeisterung für eine Übung – das steckt Ihr Kind an. Auch Ihr Lachen entspannt Sie beide. Es ist nicht schlimm, wenn etwas nicht gleich auf Anhieb funktioniert.
3. Lassen Sie keine Übung zu lang dauern. Beobachten

Sie, wie lange Ihr Kind konzentriert dabei bleiben kann. Und spielen bzw. üben Sie lieber täglich nur wenige Minuten (acht bis zehn Minuten sind schon hilfreich) als an einem Tag zu lange und dafür die nächsten Tage gar nicht.

4. Räumen Sie alles, was ablenken könnte, weg und sorgen Sie für Ruhe: Lachende Kinder nebenan, der laufende Fernseher – all das zieht die Aufmerksamkeit eines Kindes an. Doch die soll ja möglichst ausschließlich der Übung bzw. dem Spiel gelten.
5. Verzichten Sie auf zu ausführliche und ablenkende Erklärungen. Zeigen wir einem Kind z. B. einen Bewegungsablauf, brauchen wir diesen nicht mit Worten zu begleiten: »Jetzt öffne ich die Lippen, drücke die Zunge an den Gaumen usw.« Kinder sind gute und genaue Beobachter und Nachahmer – bessere als wir Erwachsene. Wenn wir einen Anlaut sprechen, beobachten Kinder sehr genau, wie wir die Lippen bewegen, und sie werden versuchen, dies genau nachzuahmen. Zusätzliche Erklärungen lenken ein Kind nur davon ab, genau hinzuschauen und auf den Laut zu hören.
6. Machen Sie immer erst die gesamte Übung bis zum Schluss in Ruhe vor, und ermuntern Sie dann Ihr Kind, es selbst auszuprobieren. Wenn es nicht klappt, sagen Sie nicht: »Nein, du machst das falsch«, sondern machen Sie die Übung einfach noch einmal langsam und deutlich vor.
7. Achten Sie bitte darauf, dass Ihr Kind auch gut zuschauen kann, wenn Sie ihm etwas vormachen. Sitzt Ihr Kind so, dass es Ihre Bewegungen, Ihre Mimik gut sehen kann?
8. In der Regel gilt: Weniger ist mehr. Bieten Sie Ihrem

Kind also keine Übungen an, die mehrere Ziele gleichzeitig verfolgen. Um Farbnamen, Zahlennamen oder andere Begriffe zu üben, reichen wenige Wörter. Wiederholen Sie lieber tagelang ein und denselben Reim (oder dasselbe Lied), damit sich dieser bei Ihrem Kind festigt.

9. Knüpfen Sie immer an das an, was Ihr Kind schon kann. Sortiert und unterscheidet es die Grundfarben (Blau, Rot, Gelb), dann können Sie ihm eine Übung zu diesen drei Farbnamen anbieten.
10. Einige Übungen machen Ihrem Kind vermutlich mehr Spaß, wenn Sie mitmachen: wenn z. B. auch Sie Geräusche oder Klänge erraten. Wechseln Sie ruhig zwischendurch die Rollen, und lassen Sie das Kind z. B. Töne produzieren, die Sie dann erraten.
11. Vergessen Sie bei all dem das gemeinsame Lachen nicht. Kinder lachen gerne, und vermutlich lachen sie herzhaft beim Grimassenschneiden (Mundgymnastik betreiben). Lassen Sie sich von dem Kinderlachen anstecken. Auch wenn mal etwas missglückt, tut es gut, das mit einer gesunden Portion Humor hinzunehmen. Umso eher wird das Kind die Übung einfach noch einmal probieren.

Sie werden einige Spiele und Übungen entdecken, die sich gut auch mit der ganzen Familie spielen lassen (z. B. »Ich packe meinen Koffer«, Abzählreime usw.) oder die einem auf einer längeren Autofahrt die Zeit angenehm vertreiben (Zungenbrecher üben, Lieder singen, Reime oder Lügengeschichten erfinden).

Die Bewegung des Kindes fördern

Übungen für die Grobmotorik

Die Bewegungen eines kleinen Kindes ermöglichen seine ersten Erfahrungen mit der Umwelt und sind sehr wichtig für seine gesamte Entwicklung. Ein Kind, das sich wenig bewegt, erlebt vielleicht nicht, was »oben«, »unten«, »schwer« oder »wackelig« bedeutet, und wird deshalb auch nicht die entsprechenden Wortarten richtig verstehen.

Es gibt viele Möglichkeiten, ein Kind anzuregen, sich zu bewegen. Ein Baby, das auf dem Bauch liegt, lässt sich z. B. von einem *hübschen roten Ball* in Sichtweite zum Krabbeln ermuntern. Der Ball lockt das Kind, sich ihn zu holen. Ein Kind hingegen, dem man alles in die Hände legt, hat diesen Bewegungsanreiz nicht.

Es gibt auch wunderbare *Kriechröhren*. Wenn ein Kleinkind sich traut, hindurchzukriechen und für einen Augenblick aus dem Blickkontakt mit der Mutter/der Bezugsperson hinauszutreten, ist das eine mutige Leistung von ihm. Voller Stolz wird es am anderen Ende hervorkommen und entdecken, dass die Welt drumherum immer noch dieselbe ist.

Sobald ein Kind gehen kann, reichen schon *unsere geöffneten Arme*, auf die es gerne zugeht, um sich liebevoll umarmen zu lassen.

Schon bald beginnt ein Kind, zu *klettern* und zu *springen*: Es klettert auf einen Hocker, um wieder hinunterzuspringen, oder läuft auf dem Spielplatz die ersten steileren Hänge hinauf und wieder hinunter, es steigt auf eine kleine Leiter und springt hinunter usw.

Zum Klettern und Springen gibt es natürlich auch im

Wald eine Fülle von Gelegenheiten. Hier kann ein Kind auch prima auf Baumstämmen *balancieren.*

Um zu lernen, *auf einer Linie zu balancieren,* reicht zu Hause auch ein breiter alter Teppichstreifen oder ein breites Kreppband, das man auf den Boden legt bzw. klebt. Machen Sie Ihrem Kind langsam, deutlich und in Ruhe vor, wie man einen Fuß vor den anderen setzt und dabei versucht, genau auf der Linie zu gehen, während man mit seinen Armen die Balance hält.

Sobald das Gehen auf der Linie gut gelingt, kann man dabei auch verschiedene Gegenstände herumtragen, z. B. einen Ball. Mit zunehmender Geschicklichkeit trägt ein Kind sicher auch gerne mal ein gefülltes Glas Wasser oder eine brennende Kerze.

Solch eine Linie (der Teppichstreifen, das Kreppband, eine mit Kreide aufgemalte Linie oder ein Stock) lädt ein Kind auch dazu ein, darüberzuspringen bzw. darüberzuhüpfen. Je nach Geschicklichkeit und Alter des Kindes (spätestens mit fünf bis sechs Jahren) kann man ihm vormachen, wie man mit geschlossenen Füßen aus dem Stand über die Linie springt.[24]

Kinder im Vorschulalter wollen eigentlich immer alles das nachmachen, was ihre Eltern und Geschwister tun – auch die Hausarbeit oder das Reparieren von Dingen. Wenn Sie Ihrem Kind also einen Kinderbesen in die Hand geben, wird es mit Ihnen gemeinsam den Boden kehren und dabei nicht nur seine Selbstständigkeit erhöhen, sondern seine gesamten Bewegungen verfeinern.

[24] Wenn einem Kind zur Einschulung nicht mindestens fünf Hüpfer mit geschlossenen Füßen hintereinander (jeweils links-rechts) über eine Linie gelingen, ist dies ein Hinweis auf eine Bewegungseinschränkung, die wiederum auf Lernschwierigkeiten hindeuten kann.

Übungen für die Feinmotorik

Salzteig kneten (ab ca. $1\,{}^{1}/_{2}$ Jahren):

Kinder im zweiten Lebensjahr kneten schon gerne. Schnell gemacht ist dieser Salzteig:

Zutaten: $1\,{}^{1}/_{2}$ Tassen feines Mehl
${}^{1}/_{2}$ Tasse Salz
${}^{1}/_{4}$ Tasse Wasser
${}^{1}/_{4}$ Tasse Speiseöl
nach Bedarf Speisefarben

Zubereitung: Zuerst das Mehl mit dem Salz mischen, dann langsam das Wasser unterrühren, anschließend das Öl. Wenn alles verrührt ist, den Teig nochmals gut mit den Händen durchkneten. Schon ist der Teig fertig. (Er hält sich in einer Plastiktüte mehrere Wochen im Kühlschrank. Wird er trocken, reiben Sie ihn mit etwas Öl ein.) Statt den Salzteig selbst herzustellen, können Sie auch ungiftige Knetmasse kaufen.

Der Salzteig lässt sich gut formen. Die daraus entstehenden Werke werden haltbarer, wenn sie einige Minuten lang im Backofen getrocknet werden. Später lassen sie sich auch mit Farbe bemalen. Vielleicht kneten Sie mit Ihrem Kind gemeinsam Gegenstände für den Kinderkaufladen, z. B. Obst und Gemüse, Brot.

Die Knetübungen bereiten ein Kind darauf vor, bald schon selbst Plätzchen oder Pizza zu backen. Klar kann man auch mit sechsjährigen Kindern, die schon erste Buchstaben kennen, Buchstaben aus Knetmasse oder Salzteig formen, um so z. B. die Namen der Familienmitglieder an die Zimmertüren zu hängen.

Ball spielen und Fangen spielen sind ebenfalls schöne Bewegungsübungen für Kinder. Bis ein Kind einen kleinen Ball wirklich mit zwei Händen fangen kann, braucht es einige Zeit. Beginnen Sie zuerst damit, sich den Ball im Sitzen auf dem Boden zuzurollen.

Um die Feinmotorik zu schulen, bieten sich auch **Fingerspiele** an:

> Daumen, reck dich,
> Zeiger, streck dich,
> Mittlerer, bück dich,
> Ringfinger, heb dich,
> Kleinster, duck dich.

Lassen Sie mich noch ein paar Beispiele zur **Förderung der Augen-Hand-Koordination** vorstellen. U. a. muss ein Kind zum Schreibenlernen seine Augenbewegungen, also seinen Blick, und die feinen Bewegungen seiner Schreibfinger aufeinander abstimmen. Sollte ein Kind Schwierigkeiten damit haben, kann es z. B. mit drei bis vier Jahren den Löffel nicht richtig zum Mund führen, dann ist es wichtig, ihm dafür gezielte Übungen und Gelegenheiten anzubieten. Solche können sein:

Leere Garnröllchen aufziehen (ab ca. 1 1/2 Jahren): Bereiten Sie auf einem Tablett fünf leere Garnröllchen und einen 60 Zentimeter langen Schnürsenkel vor, der an einem Ende einen Knoten hat, damit die Garnrollen beim Aufziehen nicht herunterrutschen. Dann zeigen Sie Ihrem Kind mit langsamen Handbewegungen, wie Sie die Garnröllchen nacheinander auf den Schnürsenkel fädeln.

In gleicher Weise kann dann das Kind schon bald auch **kleinere Perlen aufziehen** (ab ca. 2 Jahren).

Knöpfe einstecken (ab ca. 9 Monaten):
Kleine Kinder lieben es, Gegenstände in ein Gefäß zu stecken. So auch Knöpfe in eine Dose (z. B. in eine Kaffeedose), in deren Deckel man einen Schlitz gemacht hat, durch den die großen Knöpfe passen.

Zeitungen zerreißen (ab ca. 1 Jahr):
Reißen Sie aus alten Zeitungen oder Katalogen einzelne Seiten heraus, und legen Sie diese in eine Kiste, aus der sie das Kleinkind wieder herausnehmen kann. Zerreißen Sie zu Beginn mit beiden Händen kraftvoll einzelne Zeitungsseiten, sodass das Kind sieht, wie ruckartig und gegenläufig die Handbewegungen dabei sind.
Zeigen Sie Ihrem Kind auch früh, wie man **mit der Schere schneidet** – anfangs mit einer abgerundeten Kinderschere, mit der das Kind schmale Papierstreifen in kleine Stücke schneidet, später auch entlang vorgemalter Linien.

Reis umschütten (ab ca. 3 1/2 Jahren):
Das Reisumschütten ist eine Übung aus der Montessori-Pädagogik, die einerseits die Selbstständigkeit eines Kindes fördert (es übt, allein zu essen) und es andererseits auf das Schreiben vorbereitet. Denn hierbei werden seine Fingerfertigkeit und seine Augen-Hand-Koordination geschult.
Laden Sie Ihr Kind ein, Ihnen beim Reisumschütten zuzuschauen. Stellen Sie dafür auf ein handliches Tablett zwei kleine Schüsseln. Füllen Sie die linke Schüs-

sel mit Reis, und legen Sie einen Kaffeelöffel dazu. Sobald das Kind Ihnen zuschaut (kann es auch gut sehen?), nehmen Sie mit den Schreibfingern den Löffel, schieben ihn langsam in die mit Reis gefüllte Schüssel und füllen ihn. Dann heben Sie den Löffel hoch und führen ihn – alles sehr langsam – nach rechts über die leere Schüssel (entsprechend unserer Schreibrichtung). Dort angekommen, kippen Sie deutlich aus dem Handgelenk heraus den Reis vom Löffel in die leere Schüssel.
Dann ist das Kind an der Reihe.

Mundgymnastik

Zunge herausstrecken: Wenn wir einem Babys die Zunge herausstrecken, wird es das Gleiche tun. Das sieht nicht nur amüsant aus, sondern ist auch eine erste kleine und gute Übung, um sprechen zu lernen. Denn zum Sprechen brauchen wir gezielte Zungenbewegungen.
Mit zunehmendem Alter des Kindes lassen sich weitere Zungenbewegungen üben, z. B. die Zunge so schnell herauszustrecken wie ein Chamäleon.

Gut kommt bei Kindern auch an, wenn sie **mit der Zungenspitze Schokostreusel, Zucker usw.** von einem kleinen, flachen Teller **aufnehmen** sollen.

Mit Hilfe eines Wattestäbchens kann man ein wenig **Honig** (Schokoladencreme, Apfelmus oder Ähnliches) **auf die Lippen des Kindes streichen.** Das Kind leckt dann den Honig mit der Zungenspitze ab.

Oder Sie berühren mit einem **Eisstift** verschiedene Stellen an den Lippen des Kindes, auch im Mundinnenraum. Berühren Sie aber immer nur eine Stelle, und lassen Sie das Kind mit seiner Zungenspitze auf diese Stelle zeigen.

Sprachtherapeuten/innen und Logopäden/innen benutzen auch **Bildkarten** mit verschiedenen Varianten der Zungenbewegung, die die Kinder nachmachen und üben können.

Die Zunge nach oben und nach unten drücken: Bei der Artikulation von k und t liegt eigentlich nur die Zunge anders – ansonsten ist der Mund beide Male gleichermaßen geöffnet, und auch der Luftstrom fließt gleich. Beim t liegt jedoch die Zungenspitze oben am Gaumen und beim k unten. Zeigen Sie Ihrem Kind, wie Sie mit dem Zeigefinger die Zungenspitze sachte nach unten drücken und dabei k sagen. Dann drücken Sie die Zungenspitze nach oben und sagen t.

Schnarchen: Was uns nachts beim Schlafen stört, kann am Tag für Kinder eine gute Sprechübung sein. Ein Schnarchgeräusch zu produzieren bringt die Zunge in Vibration und sensibilisiert den Rachenraum.

Einen Stift zwischen Oberlippe und Nase halten (ab ca. 5 Jahren): Nicht ganz einfach, aber sehr lustig und gut für die Mundmuskulatur ist es, wenn man einen Stift zwischen Nase und Oberlippe steckt und ihn herumträgt wie ein Elefant einen Baumstamm.

Gegenstände mit den Lippen aufnehmen: Legen Sie auf ein Tablett verschiedene kleine und ungefährliche (ungiftige und farbechte) Gegenstände, z. B. einen Korken, eine Walnuss usw., und stellen Sie es auf einen niedrigen Tisch oder auf den Boden. Machen Sie Ihrem Kind vor, wie Sie mit den Lippen einen Gegenstand aufnehmen und wieder zurücklegen.

Luftküsse verschicken (ab ca. 1½ Jahren): Küsse sind ein schöner Ausdruck unserer Zuneigung und gleichzeitig eine gute Mundgymnastik. Dabei werden sogar Geräusche gebildet, die das spätere Sprechvermögen unterstützen.
Setzen Sie sich Ihrem Kleinkind gegenüber und formen Sie die Lippen spitz zu einem Kussmund. Mit einem lauten Schmatzgeräusch wird der Luftkuss in Richtung des Kindes losgeschickt. Vermutlich wird es Ihnen daraufhin einen Luftkuss zurückschicken.

Grimassen schneiden: Grimassenschneiden bringt Kinder wunderbar zum Lachen und macht großen Spaß. Gleichzeitig werden dabei die vielen Gesichtsmuskeln, die wir beim Sprechen brauchen, trainiert. Stellen Sie ruhig auch einen Spiegel bereit, damit das Kind sieht, wie es die Grimassen schneidet:
die Augen zusammenkneifen,
die Mundwinkel nach oben ziehen,
die Mundwinkel nach unten ziehen,
die Stirn runzeln,
mit den Zähnen leicht innen auf den Wangen kauen,
»Komm, wir gucken ganz böse.«
»Komm, wir gucken ganz fröhlich.«

Ebenso trainiert es die Kinderlippen, wenn Sie und das Kind sich einen **Strohhalm** (oder eine Salzstange) **von Mund zu Mund** weiterreichen.

Übungen, um den Luftstrom gezielt zu lenken

Beim Sprechen muss man je nach Laut die Luft unterschiedlich stark ausatmen und den Luftstrom lenken. Es braucht seine Zeit, bis Kinder ihren Luftstrom wirklich gezielt einsetzen und z. B. auch eine Kerze damit auspusten können.

Sollte ein Kind hier Probleme haben, bieten sich u. a. folgende Spiele und Übungen an.

Pustespiel (ab ca. 2 Jahren): Legen Sie eine Feder, eine Wattekugel und einen kleinen, weichen Ball auf einen niedrigen Tisch oder auf den Boden. Versuchen Sie als Erstes selbst, alle drei Gegenstände wegzupusten, während Ihr Kind Ihre Bewegungen beobachtet. Anschließend legen Sie alle drei Gegenstände wieder zurück in ihre Ausgangsposition und lassen das Kind probieren, sie wegzupusten.
Hierdurch wird sein Luftstrom nicht nur für das Sprechen trainiert, sondern es lernt auch, eine Kerze auszublasen.

Farbkleckse blasen (ab ca. 15 Monaten): Stellen Sie zwei dicke Pinsel, Wasserfarben, zwei Becher mit Wasser und zwei dicke Strohhalme auf dem Tisch bereit, den Sie zuvor mit Zeitungspapier abgedeckt haben. Jetzt benötigen Sie noch mehrere Bögen Papier (ca. 30x30 Zentimeter groß), z. B. von einer alten Tapetenrolle.

Verwenden Sie allerdings wegen ihrer starken Saugfähigkeit möglichst keine Raufasertapete.
Machen Sie zu Beginn mit dem Pinsel einen dicken Wasserfarbenklecks auf die Mitte des Papierbogens. Dann nehmen Sie einen der beiden Strohhalme und pusten geräuschvoll und zielgerichtet auf den Klecks, sodass die Farbe auseinanderspritzt und ein spannendes Muster entsteht. Nun möchte Ihr Kind das Pusten mit dem Strohhalm sicher auch ausprobieren.

Selbstgefaltete Schiffe pusten (ab ca 4 Jahren): Aus Papier kleine Schiffe zu falten übt die Fingerfertigkeit, und es macht Spaß, sie in einer großen Schüssel mit Wasser von einem »Ufer« zum anderen zu pusten.

Um den Luftstrom zu spüren, kann man beim Sprechen eines Lautes die Hand vor den Mund halten: Beim p beispielsweise strömt deutlich mehr Luft aus dem Mund als beim b. Darüber hinaus können Sie mit Ihrem Kind im Spiegel beobachten, wie man den Mund je nach Laut formt: Beim a z. B. ist der Mund weit geöffnet.

Lassen Sie gemeinsam mit Ihrem Kind mal einen Luftballon platzen, und machen Sie dann das Geräusch nach: PENG.

Um das Lautgedächtnis Ihres Kindes zu fördern, suchen Sie mit ihm gemeinsam Namen für die Stofftiere und Puppen. Wählen Sie dabei Laute, die das Kind schon gut artikulieren kann. Wenn Ihrem Kind noch kein t gelingt, nennen Sie den Teddy lieber »Bär« oder auch »Ben«. Erst sollte ein Kind sein Lautgedächtnis trainieren, bevor es schwierige Laute übt, die es noch nicht sprechen kann. Reime (s. S. 174 ff.) helfen dem Kind ebenfalls, sein Lautgedächtnis zu stärken.

Weitere Übungen für die Aussprache

Zungenbrecher[25]: Zungenbrecher sind (nicht nur für Kinder) besonders schwierige Artikulationsübungen. Damit sich Artikulationsprobleme nicht noch mehr verfestigen, sollten Kinder bei dieser Übung nicht zum Schnellsprechen, sondern – im Gegenteil – unbedingt zu langsamem Sprechen aufgefordert werden. Es geht nicht um Tempo, sondern darum, den Zungenbrecher richtig zu sprechen. Hier ein paar altbekannte Beispiele:
»In Ulm, um Ulm und um Ulm herum.«
»Blaukraut bleibt Blaukraut und Brautkleid bleibt Brautkleid.«
Und für größere Kinder:
»Zweiundzwanzig zahme Zwergziegen zwängten sich zwischen zwei zersplitterten Zaunstützen durch die Umzäunung des Zwergziegenzwingers.«

Rollenspiele: Machen Sie mit dem Kind Rollenspiele, sie sind gut für seine Psyche. Und es kann in Rollen schlüpfen, die z. B. eine andere Stimmlage haben: Wenn das Kind den Papa, den Onkel oder den Opa spielt, macht es deren dunkle Stimme nach. Oder es spielt den Wolf mit dunkler Stimme.

Mit der Stimme Ekel, Erstaunen oder andere Gefühle ausdrücken: Wir haben einige Laute, die Erstaunen, Ekel oder anderes ausdrücken, wie z. B. »iii«, »oh«, »ah«, »buh«, »bäh«. Machen Sie mit Ihrem Kind solche

[25] s. a. Reinhard Fischer (Hg.): Sprache – Schlüssel zur Welt. Band 1. Donauwörth: Auer 2005, S. 43.

Stimmübungen, und sprechen Sie auch darüber, was der jeweilige Ausdruck besagt.

Konzentration und Merkfähigkeit fördern

Erinnerungsspiel: Auf einem Tablett liegen mehrere Gegenstände, die Ihr Kind kennt, z. B. ein Würfel, eine Schere, eine Nuss, ein Tannenzapfen usw. Für Kinder unter vier Jahren sollten möglichst nur fünf bis sechs Gegenstände auf dem Tablett liegen, später können es auch bis zu zwölf Dinge sein.
Schauen Sie sich mit Ihrem Kind die Gegenstände genau an, anschließend lassen Sie das Kind jeden Gegenstand in die Hand nehmen und benennen. Danach legen Sie ein Tuch über das Tablett, sodass die Gegenstände nicht mehr zu sehen sind. Nach kurzer Zeit (eventuell nach Ablauf einer Sanduhr) fragen Sie das Kind, an welche Gegenstände vom Tablett es sich noch erinnert.

Ich packe meinen Koffer …: Um die Merkfähigkeit zu fördern, spielen Sie – vielleicht mit der ganzen Familie oder mit den Freunden des Kindes – das altbekannte Spiel »Ich packe meinen Koffer …«. Eine Person beginnt und sagt: »Ich packe meinen Koffer und nehme einen Pullover mit.« Die nächste Person wiederholt den Satz und ergänzt den Kofferinhalt um einen weiteren Gegenstand: »Ich packe meinen Koffer und nehme einen Pullover und einen Hut mit.« So geht es immer weiter: Die vorher genannten Gegenstände werden wiederholt und um einen weiteren Gegenstand ergänzt. Der Satz wird also immer länger. Mal sehen, wer als Erster einen Gegenstand vergisst.

Geheimsprache: Flüstern Sie Ihrem Kind einen einzelnen Laut (später eine Silbe) deutlich ins Ohr. Diesen Laut (z. B. ein t, allerdings nicht te) soll es seinem Teddy oder seiner Puppe weitersagen.

Einkaufsliste auswendig lernen: Holen Sie gemeinsam mit Ihrem Kind einige Gegenstände aus dem Kinderkaufladen (anfangs nur drei bis fünf), etwa ein Brot, Käse, Mehl, und benennen Sie sie dabei. Nun legen Sie sie wieder zurück und laden das Kind ein, diese drei Sachen bei Ihnen einzukaufen. Wechseln Sie zwischendurch ruhig mal die Rollen.

Entspannungsspiele

Schon vor den Entspannungs- und Atmungsübungen sollte eine eher ruhige Atmosphäre herrschen. Bei Störungen müssen die Übungen abgebrochen und zu einem späteren Zeitpunkt neu begonnen werden. Sie sind nicht gut geeignet, um ein unruhiges und lautes Kind leiser werden zu lassen.

Entspannung über den Rücken: Ein kleines Kind (ab ca. 1 Jahr) mag es sehr, auf dem Bauch zu liegen, während die Mama (oder der Papa, die Oma, der Opa) mit ihren Fingern etwas auf seinen Rücken malt: einen Kreis, eine Sonne, ein Viereck, ein Haus usw.

Pizza-Massage (ab ca. 2 Jahren): Bei dieser Rückenmassage wird zuerst mit der Handfläche die »Tomatensoße« auf dem ganzen Rücken verteilt. Dann wird die »Pizza« mit »Pilzen«, »Salami« usw. belegt, indem man mit der Handfläche sanft auf den Rücken des Kindes klopft. Zuletzt folgt der »Käse«, indem mit den Fingerkuppen in schnellem Tempo auf den Rücken geklopft wird.

Nasenatmung (ab ca. 2 Jahren): Setzen Sie sich mit dem Kind im Schneidersitz auf ein Kissen am Boden, und zwar so, dass das Kind Sie gut anschauen kann. Dann halten Sie sich mit dem rechten Zeigefinger das linke Nasenloch zu und atmen durch das rechte, offene Nasenloch etwa vier Sekunden lang geräuschvoll ein, sodass das Kind die Luft beim Einatmen hören kann. Dann halten Sie sich das rechte Nasenloch mit dem Daumen zu und atmen deutlich durch das linke Nasenloch wieder aus.

Hörübungen

Um besser zu hören, hilft es manchmal, seine Augen dabei zu schließen. Schlagen Sie Ihrem Kind das vor. Allerdings schließt nicht jedes Kind gerne seine Augen – dann kann es genauso gut mit offenen Augen hören.

Geräusche können sehr unterschiedliche Merkmale haben, hinsichtlich

- ihrer Dauer: lang – kurz
- ihrer Tonhöhe: hoch – tief
- ihrer Lautstärke: laut – leise
- ihrem Klang: hell – dunkel

- ihrem Rhythmus: gleich – nicht gleich, schnell – langsam, regelmäßig – unregelmäßig

Wir können mit dem Kind Einzeltöne (mit einem besonderen Merkmal) entdecken oder aus vielen Tönen einzelne heraushören oder Geräusche nach verschiedenen Merkmalen einander zuordnen. Auf jeden Fall sollte ein Vorschulkind dies alles nicht auf einmal machen müssen, sondern der Reihe nach, sodass es sich auf eine Sache konzentrieren kann.

Geräusche erraten: z. B. das Geräusch eines Weckers: Hier versucht das Kind, in einem relativ ruhigen Raum einen deutlichen Einzelton (den des Weckers) herauszuhören.

Woher kommt der Ton? Für das Richtungshören sollte das Kind seine Augen für kurze Zeit schließen. Erzeugen Sie an irgendeiner Stelle im Raum (vielleicht auch auf einem Stuhl stehend) einen Ton (schlagen Sie z. B. zwei Löffel aneinander), und lassen Sie das Kind in die Richtung zeigen, aus der der Ton kommt.

Hörrätsel: Machen Sie unterschiedliche Geräusche, die das Kind jeweils erraten soll. Erzeugen Sie jedes Geräusch mehrmals und lassen Sie dem Kind Zeit zum Raten. Zerreißen Sie z. B. Papier, knacken Sie eine Nuss, stampfen Sie mit dem Fuß auf den Boden usw. Wechseln Sie sich auch ab: Mal rät das Kind und mal raten Sie.

Ein bestimmtes Geräusch aus verschiedenen Geräuschen heraushören: Lassen Sie eine Musikkassette oder CD im Hintergrund laufen, und sagen Sie leise ein Wort, das

Ihr Kind heraushören soll. Stellen Sie zudem ein leeres Tablett und einige Bauklötze bereit. Bitten Sie Ihr Kind anzuzeigen, dass es das Wort gehört hat, indem es einen Bauklotz auf das Tablett legt.
Machen Sie keine zu lange Übung daraus, damit Ihr Kind nicht die Lust daran verliert. Sind Sie mit der ersten Runde durch, dann wechseln Sie die Rollen und lassen das Kind Wörter sagen, die Sie heraushören.

Laut und leise: Um den Unterschied zwischen laut und leise zu hören, kann man eine Frau Laut und eine Frau Leise spielen. Frau Laut macht alles laut: Sie redet laut, geht laut stampfend auf und ab und stellt laut den Becher auf den Tisch. Frau Leise dagegen spricht und bewegt sich leise.

Sich zu lauten und leisen Tönen bewegen: Setzen Sie sich mit Ihrem Kind hin, und erzeugen Sie mit einer (Hand-)Trommel in längeren Abständen mal einen lauten und mal einen leisen Ton. Bei dem lauten Ton stehen Sie und das Kind auf, bei dem leisen Ton bleiben Sie beide sitzen.
Statt laut und leise können Sie auch schnell und langsam trommeln.

Stille Post: Auch Flüsterspiele sind gute Hörübungen, wie beispielsweise das Spiel »Stille Post«, bei dem die ganze Familie mitmachen kann. Man setzt sich in einen Kreis, und eine Person sucht sich im Stillen ein Wort aus (mit Kindern ab ca. vier Jahren anfangs nur ein kurzes, leichtes Wort, z. B. »Auto«, später auch ein längeres wie »Marmeladenglas«). Dieses Wort flüstert sie nun ihrem Nachbarn leise ins Ohr. Der wiederum

flüstert es seiner Nachbarin ins Ohr, bis die letzte Person im Kreis an der Reihe ist, die das Wort dann laut sagt. Ist es richtig angekommen?
Manchmal entstehen so lustige neue Wortgebilde. Es kommt nicht in erster Linie darauf an, dass ein Wort am Ende richtig wiedergegeben wird, sondern darauf, möglichst genau hinzuhören.

Geräuschdosen (ab ca. 3 Jahren): Füllen Sie von sechs leeren Filmdosen immer zwei mit Reis, Sand und Linsen o.Ä. So erhalten Sie drei jeweils gleich klingende Paare (für Fünf- bis Sechsjährige können Sie bis zu sechs Paare herstellen). Markieren Sie vielleicht auch die Unterseite eines jeden Paares mit einem Punkt derselben Farbe, damit Sie zum Schluss kontrollieren können, ob die Paare auch wirklich zusammengehören. Das Ganze ist auf einem kleinen Tablett gut untergebracht.
Zu Beginn mischen Sie die Filmdosen. Dann halten Sie eine ans Ohr, schütteln sie und lauschen dem Klang. Stellen Sie diese Dose nun zur Seite und suchen Sie die zweite gleich klingende, indem Sie eine nach der anderen wieder ans Ohr halten, schütteln und lauschen. Stellen Sie so die drei Paare zusammen.

Geräusch-/Klangfolgen behalten: Ein Lastwagen verliert nacheinander verschiedene Gegenstände: einen Nagel, eine Münze, eine Büroklammer, einen Plastikbecher. Wählen Sie für ein kleineres Kind nur wenige Gegenstände aus und solche, die unterschiedlich klingen. Einem größeren Kind mit fast sechs Jahren können Sie dann auch mehrere Gegenstände anbieten.

Ist der Lastwagen in Gedanken losgefahren, lassen Sie die vier Gegenstände hintereinander auf den Tisch fallen. Dann bitten Sie Ihr Kind, sie in derselben Reihenfolge, in der sie hingefallen sind, wieder aufzustellen oder ebenfalls auf den Tisch fallen zu lassen. Danach wechseln Sie die Rollen: Nun lässt das Kind die Gegenstände in einer beliebigen Reihenfolge fallen, und Sie versuchen, sich die Abfolge zu merken. Ist Ihr Kind noch jung (unter vier Jahre alt), kann es die Augen beim Fallen der Gegenstände ruhig geöffnet lassen. Sie als Erwachsene hingegen sollten Ihre Augen möglichst schließen.

Solche Übungen fördern u. a. auch die *phonologische Bewusstheit*, was nicht nur für die Aussprache, sondern zusätzlich für das Schreiben- und Lesenlernen eine große Rolle spielt.

Übungen und Spiele für den Wortschatz

Viele Kinder kennen, schon bevor sie zwei Jahre alt sind, etwa 50 Wörter oder mehr, und wissen bereits, dass jedes Ding einen Namen hat. Doch das ist nicht immer so.

Um den Wortschatz eines Kindes zu fördern, gibt es im Alltag viele Gelegenheiten: Man kann ihm zu Hause, beim Spaziergang, beim Einkauf usw. neue Wörter nahebringen. Dabei sollte das Kind den Gegenstand, das Tier, die Pflanze oder den Menschen, den man benennt, auch sehen. Zeigt die Mutter auf eine Katze und sagt zu ihrem Kind: »Das ist eine Katze«, dann versteht das Kind in der Regel, dass die Bezeichnung »Katze« sich auf das Tier und nicht auf seine Ohren oder sein flauschiges Fell oder sonstige Details bezieht. Doch bis das Kind wirklich versteht, was das Wort »Katze« bedeutet, bedarf es vieler Wiederholungen. Vermutlich bezeichnet das Kind auch andere Tiere eine Zeit lang als »Katze« und schaut dabei fragend seine Mutter an.

Kinder lernen ja nicht nur, Laute und Wörter nachzusprechen, sondern sie müssen auch ihre Bedeutung erfassen und das Ganze im Gedächtnis behalten. Je häufiger wir also in konkreten Situationen unserem Kind ein Wort (für einen Gegenstand) anbieten und je häufiger es dieses in Gesprächen wiederholt, desto besser kann es die Wörter in seinem Langzeitgedächtnis abspeichern.

Hier einige Übungsbeispiele und Spiele, die den Wortschatz von Vorschulkindern erweitern und ihre Merkfähigkeit fördern. Sie helfen zum Teil auch Kindern mit Wortfindungsstörungen oder Wortarmut.

Das eigene Handeln verbal begleiten (schon im Säuglingsalter damit beginnen): Während die Mama (bzw. der Papa) den Säugling badet, wickelt und anzieht, gefällt es ihm, wenn die Mama ihre vielen kleinen Handlungen sprachlich liebevoll begleitet. Obwohl der Säugling die Worte noch nicht versteht, hört er diesem »Sprachgesang« dennoch zu. Während die Mutter z. B. die kleine Hand hebt und wäscht, sagt sie in ruhigem und freundlichem Ton: »Jetzt nehme ich deine Hand und wasche sie.«

Wortlektionen (ab ca. 2 1/2 Jahren): Um Farbnamen, Zahlennamen, Adjektive usw. einem Kind verständlich zu machen, ist es ausgesprochen hilfreich, ihm diese so eindeutig wie möglich und in mehreren

Schritten anzubieten. Lassen Sie mich an einem Beispiel die sogenannte *Drei-Stufen-Lektion*[26] vorstellen: Wir holen uns gemeinsam mit dem Kind einen roten, einen blauen und einen gelben Bauklotz (kleine Kinder erkennen zunächst nur die Grundfarben und erst später die Mischfarben). Auch genügen drei verschiedene Farbnamen (oder Zahlennamen usw.) für den Anfang. Alle anderen ablenkenden Dinge haben wir beiseitegeräumt bzw. das Radio oder den Fernseher ausgeschaltet. Wir wollen die Aufmerksamkeit ja nur auf die Farben lenken.

Nun heben wir einen der Bauklötze, z. B. den roten, hoch, zeigen ihn dem Kind und sagen: »Das ist Rot.« Dann legen wir den roten Bauklotz beiseite und heben den nächsten, z. B. den blauen, hoch, zeigen ihn wiederum dem Kind und sagen: »Das ist Blau.« Mit der dritten Farbe verfahren wir ebenso. Damit das Kind die Farbnamen öfter hört, bitten wir es nun: »Bringe Rot zum Fenster.« Ist das Kind unserer Aufforderung gefolgt, bitten wir es: »Bringe Blau zur Tür.« Und wenn der blaue Bauklotz bei der Tür liegt, bitten wir ein weiteres Mal: »Bringe Gelb zur Blume.« Die Reihenfolge der Farbnennung ist dabei nicht wichtig. Anschließend fordern wir das Kind auf: »Bringe mir Blau.« Später: »Bringe mir Rot.« Danach: »Bringe mir Gelb.«

Vorschulkinder bewegen sich gerne und führen mit Vorliebe kleine Aufträge aus – sie machen solche Übungen also voller Freude mit. Damit die Farbbenennung eindeutig ist, empfiehlt es sich, bei dieser Drei-Stufen-Lektion nichts weiter zu sprechen.

[26] Die Drei-Stufen-Lektion ist eine Anregung aus der Montessori-Pädagogik; s. a. Claudia Schäfer: Montessori für zu Hause, München: dtv 2002.

Im zweiten Schritt bitten wir das Kind: »Zeige mir Rot.« Zeigt das Kind auf die richtige Farbe, fragen wir nach der nächsten Farbe: »Zeige mir Gelb.« Und anschließend nach der dritten Farbe: »Zeige mir Blau.« Konnte das Kind die drei Farbnamen noch nicht richtig zuordnen, so ist das gar nicht schlimm und muss auch nicht bemängelt werden. Wir beginnen also kommentarlos wieder bei der ersten Stufe und benennen noch einmal die drei Farben, sodass das Kind Zeit hat, sich deren Namen einzuprägen.
Im dritten Schritt heben wir einen der Bauklötze hoch und fragen: »Was ist das?« Hat das Kind den Farbnamen verinnerlicht und erinnert es ihn, antwortet es: »Rot.« So fragen wir auch nach den anderen Farbnamen.
Auf diese Art und Weise können wir Kindern auch die Steigerungen »lang«, »länger«, »am längsten« oder »groß«, »größer«, »am größten« beibringen.
Hier noch einmal die drei Stufen auf einen Blick:

1. Der Gegenstand bzw. seine Beschaffenheit wird benannt: »Das ist …«
2. Wir geben den neuen Namen, das neue Wort noch vor: »Zeige mir …« oder auch »Hole …« und »Bringe …«
3. Ohne den neuen Namen, das neue Wort vorzugeben, fragen wir: »Was ist das?«

Farbensuche (ab ca. 3 $^{1}/_{2}$ Jahren): Lassen Sie das Kind aus einer Kiste mit bunten Steinen oder Bauklötzen seine Lieblingsfarbe heraussuchen und sie benennen. Suchen Sie ebenfalls Ihre Lieblingsfarbe heraus und sagen Sie den Farbnamen.

Aus dieser Kiste mit farbigen Bauklötzen (Steinen) kann das Kind auch alle Bauklötze der gleichen Farbe heraussuchen und so Paare bilden.
Oder es kann einen Bauklotz auswählen und ihn zu einem von ihm selbst ausgesuchten gleichfarbigen Gegenstand im Zimmer legen, z. B. den roten Bauklotz auf die rote Tischdecke.
Oder Sie können aus alten Katalogen Dinge mit der gleichen Farbe ausschneiden und auf ein Stück Fotokarton kleben (ebenfalls zur Paarbildung).

Lückensätze (ab ca. 4 Jahren): Um den Wortschatz von Kindern aktiv zu fördern, sagen Sie einen Satz, in dem Sie ein Wort auslassen. Dieses Wort soll Ihr Kind herausfinden und ergänzen:
»Das Huhn legt ein … (Ei).«
»Ich trinke aus einem … (Glas).«
Lückensätze sind eine Vorstufe von Rätseln und machen jüngeren Kindern viel Spaß. Umgekehrt können sich auch die Kinder Lückensätze ausdenken, die Sie dann ergänzen.

Wörter umschreiben (ab ca. 4 ½ Jahren): Unsere Sprache verfügt in der Regel über mehrere Möglichkeiten, einen Gegenstand oder Sachverhalt zu beschreiben. Wir Erwachsene nutzen diese auch, wenn uns ein Wort gerade nicht einfällt.
Statt »Ich habe Durst« sagen wir dann z. B. »Ich möchte etwas trinken«.
Im Gespräch können wir gemeinsam mit dem Kind solche Umschreibungen suchen:
Für »Haus« die Umschreibung »dort, wo man wohnt«.

Oder für »Quark« das Wort »Frischkäse« usw.
Oder wir suchen den Gegensatz: »Es ist nicht dick, sondern … (dünn).«

Über Lieblingswörter reden (ab ca. 4 Jahren): Kinder sind regelrechte Sprachforscher und entdecken bei ihren »Studien« auch immer wieder Lieblingswörter (wobei das manchmal auch Schimpfwörter sein können). Sie benutzen diese dann eine Zeit lang besonders gerne und häufig, betonen sie vielleicht mehr als andere. Über solche Wörter kann man sich prima mit dem Kind unterhalten.

Gegensätze finden (ab ca. 4 Jahren): In der Hörübung »Laut und leise« haben Sie zusammen mit dem Kind laute und leise Töne benannt. Es gibt viele weitere Gegensätze, die man in der unmittelbaren Umgebung gemeinsam entdecken kann:
hell und dunkel (z. B. die schwarz-weißen Fliesen im Bad),
heiß und kalt (z. B. der heiße Tee und die kalte Milch),
hart und weich (z. B. ein Stein und ein Watteball).
Lassen Sie das Kind die entsprechenden Gegenstände (die Sie vorher bereitgelegt haben) erst fühlen oder sehen, und dann benennen Sie die Gegensätze. Später sucht das Kind vermutlich gerne weitere Gegensätze in seiner Umgebung.

Rätsel (ab ca. 5 Jahren): Rätsel sind nicht nur eine spannende Denksportaufgabe, sondern auch eine anspruchsvolle sprachliche Herausforderung. Hier ein paar Rätsel für Kinder:

Es hat vier Beine und kann doch nicht laufen. (Der Tisch)
Welcher Abend dauert den ganzen Tag? (Der Sonnabend)
Es kann laufen und bewegt sich dennoch nicht vom Fleck. (Die Nase)
Er sitzt auf dem Kopf, er kleidet uns gut, erratet, es ist … (der Hut).

Teekesselchen: Es gibt einige Wörter, die mehrere Bedeutungen haben, z. B. »Bank«: Sie ist sowohl eine Sitzgelegenheit als auch ein Geldinstitut.
Suchen Sie mit Ihrem Kind Wörter, die mehrere Bedeutungen haben:
»Birne«: Glühbirne und Obstsorte,
»Schloss«: Türschloss und edles Gemäuer.
Aber auch gleich klingende Wörter sind interessant:
»Seite« (Buchseite) und »Saite« (Instrumentensaite).

So manche weitere **Doppeldeutigkeit** fördert die sprachliche Kombinationsfähigkeit und bringt nicht nur Kinder zum Lachen (ab ca. $5^1/_2$ Jahren):
Treffen sich zwei Eier in der Bratpfanne. Fragt das eine Ei das andere: »Na, wie geht's dir?« – »Ach«, antwortet das andere Ei, »ich fühle mich heute ganz zerschlagen.«
Ruft ein Verkäufer auf dem Bahngleis: »Heiße Würstchen! Heiße Würstchen!« Darauf sagt ein Mann: »Angenehm, heiße Müller.«

Zahlenverse: Um Zahlennamen zu lernen, bieten sich u. a. altbekannte Kinderverse an (s. a. S. 175). Hier ein Beispiel:

Morgens früh um sechs
kommt die kleine Hex.
Morgens früh um sieben
schabt sie gelbe Rüben.
Morgens früh um acht
wird Kaffee gemacht.
Morgens früh um neun
geht sie in die Scheun.
Morgens früh um zehne
holt sie Holz und Späne.
Macht Feuer um elf,
kocht dann bis um zwölf
Frösche, Krebse und Fisch.
Kinder, kommt zu Tisch!

Zahlensuche (ab ca. 3 Jahren): Die Ausdrucksfähigkeit eines Kindes wird auch dadurch geschult, dass wir gemeinsam mit ihm Zahlen in Märchen (auf Bildern usw.) heraussuchen und benennen. Zuerst sollten es nur wenige und kleine Zahlen sein, später mehrere und auch größere. Eine Auswahl an Büchern mit dem Thema »Zahlen« gibt es in allen Kinderbuchabteilungen von Buchhandlungen und in Stadtbüchereien.

Lügengeschichten: Kleine Lügengeschichten machen ebenfalls Spaß und fördern neben der Aufmerksamkeit unseres Kindes auch sein Sprachverständnis: »Die Sonne schien hell, und es war stockfinster, als das schnelle Auto langsam um die runde Ecke fuhr. Die junge Frau darin, so um die achtzig Jahre alt, lachte laut, was nicht zu hören war. Dabei fuhr sie einen großen Hund tot, der kleiner als eine Katze war. Der Hund sprang wild davon ...«

Wie heißt das in einer anderen Sprache? Kinder interessieren sich dafür, wie man sich in einem anderen Land z. B. begrüßt, wie man »bitte« und »danke« sagt oder wie man dort zählt. Vielleicht haben Sie auch Bekannte, die aus einem anderen Land stammen und die man dann in ihrer Muttersprache begrüßen kann.

Wort- und Satzergänzungen, Anregungen für die Grammatik

Auslass-Sätze (ab ca. 4 Jahren): Sagen Sie zu Ihrem Kind einen Satz, in dem Sie bewusst ein Wort auslassen. Ermuntern Sie Ihr Kind, für die Lücke ein passendes Wort zu suchen und es dort einzusetzen:
»Im Garten … ein Baum.«
»Der Opa führte seinen … spazieren.«
»Ich habe gestern … verloren.«

Da fehlt doch was: Damit Ihr Kind lernt, Wortendungen richtig zu bilden, können Sie ihm auch Sätze vorsagen, in denen bei einem Wort ein Laut oder eine Silbe fehlt. Ihr Kind muss das Fehlende dann ergänzen. Lassen Sie Ihrem Kind auch bei dieser Übung Zeit, und kritisieren Sie es nicht, wenn es einen Fehler macht. Wiederholen Sie den Satz einfach noch einmal vollständig und richtig. Die richtige Endung eines Wortes zu finden stellt für Vorschulkinder (und mehrsprachig aufwachsende Kinder) eine sprachliche Höchstleistung dar.
»Der Witz ist lusti(g).«
»Die Blume ist schö(n).«
»Der Junge isst Kä(se).«

»Der (K)aktus ist stachelig.«
»Der Dra(che) schaut böse.«

Endlossätze erfinden: Fangen Sie einen einfachen, kurzen Satz an, den Ihr Kind um ein passendes Wort ergänzt. Dann sind Sie wieder an der Reihe. Bilden Sie auf diese Weise abwechselnd einen Endlossatz. Dieses Spiel macht auch im Familien- und Freundeskreis großen Spaß.
»Wir lachen ...« – »Wir lachen über ...« – »Wir lachen über eine ...« – »Wir lachen über eine ganz ...« – »Wir lachen über eine ganz schreckliche ...« (Worüber lachen sie wohl?)

Wörter zusammensetzen: Suchen Sie Gegenstände bzw. Bilder, die, wenn man sie nebeneinanderlegt, ein neues Wort ergeben:
Hand und Schuh: Handschuh
Kartoffel und Salat: Kartoffelsalat
Sand und Uhr: Sanduhr
Sonne und Brille: Sonnenbrille
Apfel und Baum: Apfelbaum
Auto und Reifen: Autoreifen
Auto und Schlange: Autoschlange

Die deutsche Sprache besitzt eine Reihe von zusammengesetzten Hauptwörtern. Mit einem größeren Kind lassen sich auch **Wortriesen** bilden:
Haus-Tür-Schloss-Anlagen-Reparatur- ...

Klassifikationen bilden: Legen Sie auf ein Tablett einige Dinge, die zusammenpassen, und einen Gegenstand, der nicht dazupasst:

mehrere Obstsorten und eine Haarbürste
verschiedene Stifte (Wachsmalstift, Kugelschreiber, Bleistift, Buntstift, Füller) und eine Blume
verschiedene Kräuter (Basilikum, Schnittlauch, Thymian, Petersilie) und einen Anspitzer
verschiedene Trinkgefäße (Plastikbecher, Schnapsglas, Bierglas, Weizenglas) und eine Schere
verschiedene Spielzeugautos und ein Gästehandtuch

Was gehört wohin? Versammeln Sie Gegenstände auf dem Tisch, die eindeutig einem bestimmten Zimmer zuzuordnen sind, z. B.:
eine Nachttischlampe aus dem Elternschlafzimmer,
eine Zahnbürste aus dem Badezimmer,
ein Gästehandtuch aus dem Gäste-WC,
eine Pfanne aus der Küche,
ein Spiel aus dem Kinderzimmer,
einen Schuh aus dem Hausflur,
ein Stuhlkissen aus dem Esszimmer,
eine CD aus dem Wohnzimmer,
eine Gartenschere aus dem Garten.
Lassen Sie Ihr Kind erraten, welcher Gegenstand in welches Zimmer gehört, und die Gegenstände am Ende dorthin zurückräumen.

Wortarten erleben (ab ca. 2 Jahren): Unsere Sprache ist aus verschiedenen Wortarten (u. a. Nomen/Hauptwörtern, Adjektiven/Eigenschaftswörtern und Verben/Tätigkeitswörtern) aufgebaut. Hätten wir beispielsweise nur Hauptwörter zur Verfügung, wären unsere sprachlichen Ausdrucksmöglichkeiten stark eingeschränkt, und wir müssten uns manchmal mit Einwortsätzen behelfen: »Apfel.« Doch was sollte da-

mit gemeint sein? »Schau, da hängt ein Apfel am Baum.« – »Ich habe Appetit auf einen Apfel.« – »Iss diesen Apfel lieber nicht.«
Auch wenn ein Kind noch nicht viele Wörter kennt, kann es die verschiedenen Wortarten erleben. Verben prägen sich am besten ein, wenn das Kind die entsprechende Tätigkeit selbst ausführt, wie auch Adjektive und Adverbien durch eigenes Handeln erst wirklich verständlich werden. Und Präpositionen werden durch Bewegungen im Raum (nach hinten, vorne, oben, unten ...) körperlich fühlbar. Nachstehend ein paar Beispiele für das Erleben von Wortarten. Verzichten Sie bei diesen Übungen aber auf die Nennung der Fachausdrücke, z. B.: »Das ist ein Adjektiv.«

Was macht ein Adjektiv? (wenn Ihr Kind kleine Aufträge versteht und die Farbnamen kennt): Wenn Ihr Kind z. B. verschiedene Spielzeugpferde besitzt, dann suchen Sie ein paar davon heraus, die sich in Größe oder Farbe unterscheiden. Fordern Sie Ihr Kind jetzt auf: »Bring mir bitte ein Pferd.« Das Kind wird also irgendeines auswählen. Bringt es Ihnen das schwarze Pferd, sagen Sie nun: »Nein, nicht das schwarze Pferd.« Irgendwann wird das Kind fragen, was es bringen soll, und dann hilft es ihm, wenn es hört, dass es das braune Pferd bringen soll. So erlebt Ihr Kind, dass es wichtig ist, das Aussehen eines Gegenstandes zu benennen (dem Nomen ein Adjektiv zuzuordnen), um sich genauer verständlich zu machen. Bitten Sie Ihr Kind anschließend auch, Ihnen das weiße Pferd, das graue Pferd usw. zu bringen.

Was ist wie? Auch durch Fragen kann man Kinder die Eigenschaften von Dingen detektivisch erkunden lassen. Fragen Sie zunächst nach nur einer Eigenschaft, und lassen Sie das Kind einen Gegenstand suchen, der diese Eigenschaft besitzt:
»Was ist rund?« Es bringt vielleicht einen Ball.
»Was ist nass?« Das Kind zeigt vielleicht auf das Wasser in der Blumenvase.
»Was ist lang?« Die Gardine.
Später kann es auch Gegenstände suchen, auf die zwei Eigenschaften zutreffen:
»Was ist grün und rund?« Z. B. der Apfel.
»Was ist bunt und viereckig?« Z. B. das Sofakissen.
»Was ist heiß und braun?« Die Trinkschokolade.

Hier stimmt was nicht: Um zu üben, wie Adjektive benutzt werden, können wir auch falsche Aussagen treffen, die zumeist auch lustig sind:
»Der Löwe ist durchsichtig.«
»Das Auto ist redselig.«
»Der Baum ist luftig.«
»Der Würfel ist rund.«

Präpositionen: Des Weiteren können Sie Ihr Kind bitten, z. B. Bücher an verschiedenen Orten im Raum zu platzieren: eines auf den Tisch, eines unter den Tisch usw. Fragen Sie anschließend: »Wo ist das Buch?« (auf dem Tisch)
Bitten Sie Ihr Kind: »Bitte bring mir das Buch.«

Was kann man …? Um die Bedeutung von Verben besser zu verstehen, suchen Sie gemeinsam mit Ihrem Kind Dinge, die man

öffnen kann,
schließen kann,
verstecken kann,
rollen kann,
schieben kann,
essen kann,
zusammenbinden kann usw.
Benennen Sie beim Tun, was Sie tun: »Ich öffne die Dose.« Vielleicht mag das Kind weitere Gegenstände bringen, und Sie »erforschen« gemeinsam, was man damit tun kann.

Fragen und Sätze, die zum Sprechen anregen

Kinder mit etwa drei Jahren entdecken das Fragen. Manchmal löchern sie uns mit ihren vielen Fragen regelrecht: »Was machst du?« – »Wohin gehst du?« – »Warum ist das so?« Es bringt Kinder in ihrem Wissen, aber auch sprachlich weiter, wenn wir ihre Fragen beantworten. Kennen Sie noch das Lied: »Tausend tolle Sachen gibt es überall zu sehen, manchmal muss man fragen, um sie zu verstehen. Wer, wie, was, wieso, weshalb, warum? Wer nicht fragt, bleibt dumm.«[27] Wenn ein Kind jedoch wenig spricht und fragt, dann müssen wir es durch unsere Fragen zum Sprechen anregen.

Die deutsche Sprache bietet eine ganze Reihe von **W-Fragen** (wer, wie, was, wann, wo, warum, wie lange, wozu, wodurch, worin), mit denen wir ein Gespräch beginnen und dabei auch Nähe zu unserem Kind her-

[27] aus der Kinderfernsehserie »Rappelkiste«

stellen können. Denn unsere Fragen drücken auch unser Interesse aus, und das steigert den Selbstwert unseres Kindes.
»Was hast du gerade gespielt?«
»Wer hat gewonnen?«
»Wofür möchtest du den Stift?«
»Wieso weinst du?«
»Wann kommst du?«
»Wie lange kannst du die Luft anhalten?«
Natürlich sollte Ihr Kind genügend Zeit zum Antworten haben, und Sie sollten ihm aufmerksam und geduldig zuhören. Selbst wenn die Antwort holprig klingt, freuen Sie sich darüber und verbessern Sie sie möglichst nicht.

Auch mit **»wenn«** und **»dann«** lassen sich tolle Ideen formulieren. Und es ist spannend, welche Vorstellungen und auch welche Logik Kinder auf Wenn-dann-Sätze hin entwickeln. Hier ein paar Beispiele, die die Fantasie anregen (für Kinder ab etwa vier Jahren).
Am besten geben wir zunächst einen ganzen Wenn-dann-Satz vor und überlassen es anschließend dem Kind, einen Wenn-Satz zu ergänzen:
»Wenn ich mir etwas wünschen könnte, dann würde ich mir ein Pferd wünschen.«
»Wenn ich zaubern könnte …«
»Wenn ich ganz viel Geld hätte …«
»Wenn ich ein Riese wäre …«
»Wenn ich fliegen könnte …«
»Wenn ich eine Ameise wäre …«

Nun ein paar Beispiele für ganz **sachliche Wenn-dann-Aussagen:**

»Wenn es regnet, dann ziehe ich meine Regenjacke an.«
»Wenn ich Hunger habe …«
»Wenn die Sonne scheint …«
»Wenn Mama wütend ist …«
»Wenn ich Geburtstag habe …«
»Wenn ich krank bin …«

Erzählkiste (ab ca. 4 1/2 Jahren): Bereiten Sie eine schöne, bunte Kiste vor (z. B. eine Geschenkkiste), in die Sie einige für ein Kind interessante Dinge legen: vielleicht einen kleinen Stofflöwen, eine Puppe, einen Puppenstuhl, eine Kugel, eine Feder u.Ä. Überlegen Sie sich zusammen mit Ihrem Kind, was z. B. dem kleinen Löwen passiert sein kann, und erfinden Sie gemeinsam eine Geschichte, in der die verschiedenen Dinge aus der Kiste vorkommen. Vielleicht freunden sich der Löwe Leo und die Puppe Papperlapapp ja miteinander an und erleben ein Abenteuer, während sie aus dem Zoo flüchten …

Singen

Das Schöne bei Liedern ist, dass sie nicht nur etwas erzählen, sondern auch die Gefühle der Menschen und besonders der Kinder ansprechen. Wiegenlieder z. B. haben eine angenehm beruhigende Wirkung auf Säuglinge und Kleinkinder.

Nachstehend einige Volkslieder, die darüber hinaus das Artikulieren einzelner Laute einüben und den Wortschatz sowie das Sprachverständnis erweitern.

»Summ, summ, summ, Bienchen summ herum«

2. Summ, summ, summ, Bienchen, summ herum!
Such in Blumen, such in Blümchen,
dir ein Tröpfchen, dir ein Krümchen!
Summ, summ, summ, Bienchen, summ herum!

3. Summ, summ, summ, Bienchen, summ herum!
Kehre heim mit reicher Habe,
bau uns manche volle Wabe!
Summ, summ, summ, Bienchen, summ herum!

Vielleicht zeigen Sie dem Kind zusätzlich auf Bildern, wie eine Biene aussieht und wie sie Honig sammelt, und erklären bzw. zeigen ihm, was eine Heide und was eine Wabe ist.

»Drei Chinesen mit dem Kontrabass« (ab ca. 4 1/2 Jahren): In dem bekannten Lied »Drei Chinesen mit dem Kontrabass« erleben Kinder, wie der Klang der Wörter sich verändert, wenn man den Vokal eines Wortes durch einen anderen ersetzt. Die erste Strophe bleibt unverändert. In der zweiten Strophe ersetzt man alle Vokale

durch das a, in der dritten Strophe alle Vokale durch das e, dann durch das i, das o und zum Schluss durch das u.
Singen Sie das Lied so, dass Ihr Kind deutlich sehen kann, wie sich die Mundöffnung jeweils verändert: Beim a ist der Mund weit geöffnet, beim e sind die Mundwinkel zu den Seiten gezogen, beim i sind die Lippen fast geschlossen, beim o sind sie kreisförmig und beim u bilden die Lippen nur einen sehr kleinen Kreis.

(Alle Vokale werden durch a, e, i, o, u ersetzt)

2. Dra Chanasan mat dam Kantrabass …
3. Dre Chenesen met dem Kentrebess …
4. Dri Chinisin mit dim Kintribiss …
5. Dro Chonoson mot dom Kontroboss …
6. Dru Chunusun mut dum Kuntrubuss …

»Laurentia, liebe Laurentia mein«: Das Lied »Laurentia, liebe Laurentia mein« macht nicht nur wegen der Bewegungen Spaß, mit denen man den Text begleitet, sondern das Kind lernt auch die Namen der Wochentage.

Nach »am Sonntag« wird in den folgenden Strophen jeweils ein Wochentag hinzugefügt.

Wir stehen beim Singen aufrecht da, und bei jedem Wochentag gehen wir kurz in die Hocke. Da jeder Wochentag wiederholt wird, muss man am Ende des Liedes siebenmal hintereinander in die Hocke gehen.

Auch Lieder wie **»Zeigt her eure Füße, zeigt her eure Schuh«** und viele andere machen Kindern großen Spaß, vor allem wenn wir sie mit dem entsprechenden Bewegungen begleiten.

Dasselbe gilt für Lieder in anderen Sprachen, und zudem hört das Kind, wie andere Sprachen klingen. Beliebt und bekannt ist hier z. B. das Volkslied **»Bruder Jakob«** aus Frankreich:

Bruder Jakob, Bruder Jakob, schläfst du noch,
schläfst du noch?
Hörst du nicht die Glocken, hörst du nicht die
Glocken?
Ding, dong, ding, ding, dong, ding!

Frère Jacques, Frère Jacques, dormez vous,
dormez vous ?
Sonnez les matines, sonnez les matines,
Ding, dong, ding, ding, dong, ding!

Reime

Vorschulkinder lieben den Rhythmus von Reimen. Sie sind eine gute Möglichkeit, um gleiche und ähnliche Sprachmelodien zu unterscheiden. Für kleine Kinder bieten sich kurze Reime an, die man auch gemeinsam mit ihnen in Bewegung umsetzen kann (auf dem Schoß hopsen, zärtlich zwicken, nach vorne plumpsen). Bei Schoßversen fühlen sich kleine Kinder geborgen, und gleichzeitig wird ihre Wahrnehmung für Sprachrhythmen sowie ihr phonologisches Bewusstsein gefördert. Vermutlich erinnern auch Sie sich an den alten Reim:

Hoppe, hoppe Reiter,
Wenn er fällt, dann schreit er.
Fällt er in den Teich,
findet ihn keiner gleich.
Fällt er in die Hecken,
fressen ihn die Schnecken,
fressen ihn die Müllermücken,
die ihn vorn und hinten zwicken.

Fällt er in den Graben,
fressen ihn die Raben.
Fällt er in den Sumpf,
macht der Reiter plumps.

Reime sind eine wunderbare Übung für das bereits erwähnte auditive Lexikon, d. h., Reime fördern auch die Merkfähigkeit, sie helfen Kindern, sich an Wörter zu erinnern.

Hierzu einige **Abzählreime**:

Eene meene miste,
es rappelt in der Kiste,
eene meene meck
und du bist weg.

Eins, zwei, drei, vier, fünf, sechs, sieben,
eine alte Frau kocht Rüben,
eine alte Frau kocht Speck,
und du bist weg.

Reime vom Kind ergänzen lassen (ab ca. 5 bis 6 Jahren):
Zunächst spricht man gemeinsam mit dem Kind den ganzen Reim, später ergänzt das Kind das Reimwort (auch gut geeignet für längere Autofahrten).
Ebenso kann man bei dem (auf S. 162 zitierten) Vers von der kleinen Hex nur die Zahl nennen, und das Kind ergänzt das dazugehörige Reimwort:

Morgens früh um sechs,
kommt die kleine … (Hex).
…

Abends schleicht auf leiser Tatze
zu dem Kirschbaum Nachbars ... (Katze).
Klettert flink hinauf bis fast
auf den allerhöchsten ... (Ast).
Denn bekanntlich fressen Katzen
außer Mäusen auch gern ... (Spatzen).
Vater Spatz piepst laut im Dustern
Und beginnt sich aufzu ... (plustern).
Augen glühen, Krallen wetzen,
Vater Spatz hört's mit ... (Entsetzen).
Doch die Spätzin – woll'n wir wetten –
wird schon ihre Kinder ... (retten).
Kämpft so lange um ihr Nest,
bis die Katz den Baum ver ... (lässt).

Eigene Reime erfinden: Bevor Sie mit Ihrem Kind eigene Reime erfinden, versichern Sie sich zuvor, dass Ihr Kind Reime auch versteht und weiß, worum es geht. Nennen Sie verschiedene Wortpaare, und lassen Sie es entscheiden, welches Wortpaar ein Reim ist und welches nicht:

Tisch – Baum
Rose – Dose
Fell – Fall
Baum – Zaun
Hut – gut

Wenn das Kind Reime versteht, geben Sie ihm ein kurzes Wort vor, zu dem es leicht ein Reimwort findet – wobei es erst einmal einfacher ist, nur Endreime zu bilden (d. h. die Endungen der Wörter sind gleich), z. B.:

Maus – Haus, Klaus – Laus
Baum – Traum, Saum – Schaum
Frau – schlau, schau – blau
Luft – Schuft, Duft – Gruft

Reime zu einzelnen Lauten:

La, le, lu – nur der Mann im Mond schaut zu.
Ma, me, mu – die Mutter kommt im Nu.
Ga, ge, gu – da ist der Schuh.
Tick, tack, till – seid mal alle still.

Bei Reimen und Versen kann man zu jeder Silbe auch prima gemeinsam mit dem Kind klatschen.

Bilderbücher und Geschichten

Bilderbücher anzuschauen ist ein erster wichtiger Kontakt mit der Schriftsprache und eine Hinführung zum späteren Lesen. Deshalb sollten Bilderbücher von früher Kindheit an zum Alltag eines Kindes gehören.

Die Situation, in der ein Kind ein Bilderbuch betrachtet, sollte so angenehm wie möglich gestaltet sein, damit das Kind dieses gute Gefühl grundsätzlich mit Büchern verbindet. Gerne kuschelt es sich dabei auf den Schoß der Mutter, des Vaters, der Oma, des Opas. Das gemeinsame Betrachten eines Bilderbuches schafft – wie später das Vorlesen – Nähe, pflegt die Beziehung und bietet Gelegenheit zum Dialog, also zum Sprechenüben.

Schon kleine Kinder (mit zehn bis elf Monaten) schauen sich gerne Bilderbücher an. Allerdings ist ihr Blick noch ungeübt, sodass es ihnen schwerfällt, Formen und

Farben zu unterscheiden. Deshalb sind Bilderbücher mit leicht erkennbaren und wenigen Bildmotiven für kleine Kinder reizvoller.

Mit ca. vier Jahren hat die Unterscheidungsfähigkeit eines Kindes so weit zugenommen, dass es Bilderbücher liebt, in denen viele und interessante Dinge zu sehen sind. Schön sind Bücher, die bestimmte Themen illustrieren, z. B. das Leben auf dem Bauernhof, die Tiere im Zoo, das Leben in der Stadt, oder Situationen, die dem Kind vertraut sind, beispielsweise der Alltag im Kindergarten oder der Umzug der Familie. Solche thematisch ausgerichteten Bilderbücher helfen dem Kind, seine Wahrnehmungen und Erfahrungen zu ordnen und im Gedächtnis zu speichern. Auch hier kann man die Betrachtung der Bilder mit Fragen und Antworten sowie durch Benennung der Motive begleiten.

Lesen heißt auch, den Sinn des Geschriebenen zu erfassen. Um unserem Kind eine Geschichte näherzubringen und sein Verständnis dafür zu stärken, können wir es ermuntern, die Geschichte spielerisch umzusetzen.

Ebenso wie aus einem Buch vorgelesen zu bekommen lieben Kinder frei erzählte Geschichten. Das freie Erzählen erhöht nicht nur den Wortschatz eines Kindes, sondern fördert auch seine Kreativität und Fantasie sowie seine Merk- und Konzentrationsfähigkeit. Sicher liegt das freie Erzählen nicht allen Eltern, doch solche Geschichten müssen nicht lang und kompliziert sein, im Gegenteil, sie dürfen auch ganz einfach sein: Erzählen Sie in etwa das, was Ihr Kind an diesem Tag erlebt hat, doch geben Sie dem Kind in Ihrer Geschichte einen anderen Namen. So kann vielleicht der Peter Ihren Sohn Lukas wochenlang begleiten. Es macht Vorschulkindern mit vier, fünf Jahren großen Spaß zu hören, was das Kind in der Geschichte so alles erlebt, wie es einkaufen geht und wie ihm vielleicht die Milchflasche herunterfällt, und es gefällt ihnen auch, sich im Erzählten selbst wiederzuentdecken.

Liegt Ihnen das Erzählen weniger, dann gibt es vielleicht eine Oma, die es gerne tut. Oder hören Sie zusammen mit Ihrem Kind Kinderkassetten bzw. -CDs. Es gibt eine große Auswahl an Hörbüchern, darunter Märchen oder altbekannte und neue Kinderbücher. Achten Sie jedoch auf die Altersangabe, damit Ihr Kind die Geschichte auch versteht.

Schreibanlässe fördern

Ein Kind sollte schon früh mit Schrift, Buchstaben, Symbolen und Zeichen in Berührung kommen. Nicht nur Bücher machen solche »literacy«-bezogenen Erfahrungen möglich, sondern auch, anderen beim Schreiben zuzusehen oder Geschriebenes im Alltag zu entdecken, z. B. Namen unter Fotos usw.

Das Kind sieht uns im Alltag beim Schreiben zu: Es schaut uns zu, während wir einen Einkaufszettel, eine Notiz, einen Brief schreiben, Ideen notieren, um sie an die Pinnwand zu heften, Geburtstage in einen Kalender eintragen, Namen unter Fotos setzen usw. Beim Zuschauen entdecken Kinder das Schreiben als besondere Form der Sprache erst richtig.
Zeigt Ihr Kind wenig Interesse, Ihnen im Alltag beim Schreiben zuzuschauen, dann machen Sie ein Spiel daraus: Schreiben Sie das Wort FENSTER auf einen Streifen weißen Fotokarton und hängen Sie diesen gemeinsam mit dem Kind an das Fenster. So auch das Wort BAD an die Badezimmertür usw. Allerdings soll das Kind nicht selbst die Wörter schreiben – bis zum

Schreibenlernen ist es noch ein weiter Weg –, sondern Ihnen lediglich beim Schreiben zuschauen und so die Funktion des Schreibens entdecken.

Vorlesen und dabei malen: Ermuntern Sie Ihr Kind, ein Bild zu der Geschichte im Kinderbuch zu malen, während Sie ihm daraus vorlesen. Beim Malen interpretiert das Kind die Geschichte und hält sie auf Papier fest.

Zu einem Sprechreim zeichnen: Das »Haus vom Nikolaus« und das »Mondgesicht« kennen Sie vielleicht noch aus Ihrer eigenen Kindheit:

Das ist das Haus vom Nikolaus.

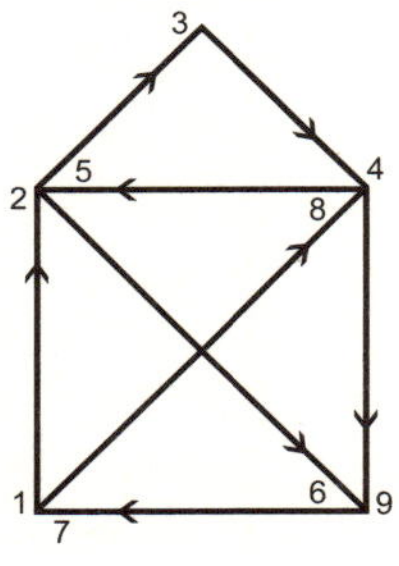

Punkt, Punkt, Komma, Strich – fertig ist das Mondgesicht.

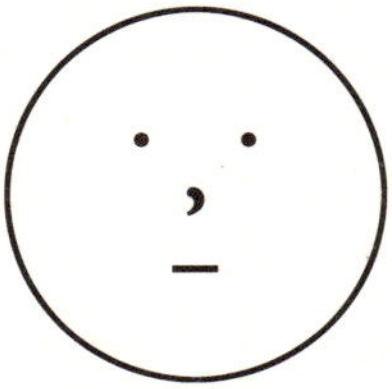

Spiele im Büro, auf der Post: Bei ihren ersten Schreibversuchen machen Vorschulkinder Kritzellinien (Zickzacklinien) und füllen damit auch gerne leere Formulare aus – so wie sie es bei ihren Eltern beobachten, wenn diese Anträge oder Formulare bei der Bank, der Post usw. ausfüllen. Sammeln Sie leere Formulare und richten Sie im Kinderzimmer ein kleines Büro ein. Auch ein altes Telefon und eine ausrangierte Schreibmaschine passen dazu. Das Telefonieren regt zum Sprechen an, und das Bedienen der Schreibmaschinentastatur zeigt dem Kind anschließend die geschriebenen Buchstaben.

Wenn Sie beobachten, dass Ihr Kind seine Schreibfinger (Daumen, Zeige- und Mittelfinger) noch nicht sicher benutzt (z. B. mit fünf Jahren den Löffel oder Stift noch mit der ganzen Hand greift und in der Faust hält), dann sind alle Übungen und Spiele geeignet, die seine Hand- und Fingergeschicklichkeit schulen (siehe z. B. die Übungen zur Förderung der Augen-Hand-Koordination, S. 141 ff.).

Schreiben erfordert ja die Koordination unterschiedlichster Muskeln, was eine anspruchsvolle und komplizierte Aufgabe und eine menschliche Höchstleistung ist. Deshalb sollte ein Kind viel Zeit und Gelegenheit bekommen, sich auf das Schreiben vorzubereiten.[28] Und es muss dabei viele Fehler machen dürfen, die statt mit Schimpfen und Kritik durch häufiges Wiederholen korrigiert werden.

[28] Ein Kind beginnt nicht von heute auf morgen in der Schule zu schreiben, sondern es muss bereits zuvor viele Basiskompetenzen erworben haben, damit das Schreiben gelingt. Je früher wir bemerken, dass es Schwierigkeiten mit der Feinmotorik hat oder damit, Symbole zu erkennen und zu behalten, desto früher können wir durch gezielte Hilfe spätere gravierendere Schreibschwächen vermeiden.

Sandpapierbuchstaben (ab 4 Jahren): Sandpapierbuchstaben sind ein Montessori-Material[29] und erlauben dem Kind, die einzelnen Buchstaben des Alphabets tastend mit den Schreibfingern nachzufahren.
Auf rosa lackierten Holzbrettchen (etwa DIN A5) sind alle Konsonanten unseres Alphabets aus Sandpapier aufgeklebt. Die Vokale sind ebenfalls aus Sandpapier ausgeschnitten und auf blau lackierte Brettchen geklebt. Die Holzbrettchen stehen in einem passenden Holzkasten.
Das Kind wählt einen Buchstaben aus, z. B. das t. Nun zeigen Sie dem Kind, wie Sie mit Ihren Schreibfingern (Daumen, Zeige- und Mittelfinger) den Buchstaben in Schreibrichtung langsam nachfahren. Dabei sprechen Sie den Laut deutlich aus, allerdings nicht »te«, sondern nur »t«. Suchen Sie auch gemeinsam mit dem Kind Wörter, die mit t anfangen: t wie Tomate, t wie Tom usw.
Im Rahmen der Drei-Stufen-Lektion (s. S. 157) kann man dem Kind den Buchstaben noch einmal zum Üben anbieten: »Bitte gib mir t.« Dabei genügt es, sich auf wenige Buchstaben zu beschränken, zu Beginn vielleicht sogar nur auf einen.
Auch Zahlen kann man dem Kind in Form von Sandpapierzahlen vorstellen. Schneiden Sie die Ziffern eins bis zehn ebenfalls aus Sandpapier aus und kleben Sie sie auf kleine Holzbrettchen (etwa DIN A5). Fahren Sie sie mit den Schreibfingern vor den Augen des Kindes in Schreibrichtung nach und benennen Sie sie dabei. Das Kind probiert es anschließend selbst aus. Benutzt es dafür nicht seine Schreibfinger oder macht

[29] Claudia Schäfer: Lernen mit Maria Montessori im Kindergarten. Freiburg: Herder 2005.

etwas anderes falsch, dann machen Sie dem Kind einfach noch einmal vor, wie es richtig ist. Am besten ist, dabei stets freundlich zu bleiben.

Lose Buchstaben (ab ca. 5 bis 6 Jahren): Auch mit Hilfe von ausgestanzten bzw. ausgeschnittenen Buchstaben lässt sich das Schreiben gut anregen. Indem das Kind mehrere Buchstaben, die es bereits kennt und lautieren kann, zusammenlegt, »schreibt« es erste Wörter: Dabei heißt KATN vielleicht »Garten«. Da das Kind zu Beginn lautgetreu schreibt (es sagt sich jeden einzelnen Laut so vor, wie es ihn aus dem Wort heraushört), wird es in diesem Stadium viele Rechtschreibfehler machen. Diese müssen nicht korrigiert werden, denn die Freude des Kindes am »Schreiben« ist viel kostbarer als die korrekte Schreibweise. Die lernt es später in der Schule.
Das Kind kann dann versuchen, die zusammengelegten Wörter aufzuschreiben. Auch das wird anfangs schief aussehen, was aber nicht schlimm ist. Ein Kind muss schließlich erst üben, einen Stift gezielt zu greifen und mit den unterschiedlichen Schwüngen und Spuren einen leserlichen Buchstaben zu Papier zu bringen. Seine Augen müssen dabei kontrolliert seinen Handbewegungen folgen.
Ferner muss das Kind wahrnehmen, dass Buchstaben ein bestimmtes Aussehen und eine bestimmte Anordnung auf dem Papier haben: Im Deutschen schreiben wir von links nach rechts (und nicht von rechts nach links oder von oben nach unten). Und das große E beispielsweise ist nach rechts offen; schreibe ich diesen Buchstaben spiegelverkehrt, wird daraus eine 3. Doch auch dies soll das Kind erst einmal selbst entdecken und ausprobieren dürfen.

Um dem Kind die richtige Lage eines Buchstabens oder einer Ziffer zu vermitteln, kann man seine Raum-Lage-Wahrnehmung durch Bewegungsübungen stärken und fördern. Dadurch wird das Kind im Sinne einer Vorläuferkompetenz auf die Lage des Buchstabens oder der Ziffer auf dem Papier vorbereitet. Denken Sie immer daran, dass es typische Kinderschreibweisen gibt (mit vielen Fehlern). Die korrekte Rechtschreibung müssen Kinder noch lernen – dies geschieht weniger über das Auswendiglernen von Rechtschreibregeln, sondern über die Erkenntnis, dass ein richtig geschriebenes Wort für alle anderen besser bzw. eindeutig verständlich ist.

Über das Schreiben lernen Kinder auch das Lesen: Sie erleben bei den Sandpapierbuchstaben nicht nur, wie ein Buchstabe geschrieben wird, sondern sie lernen auch, ihn zu lesen. Angesichts ihrer eigenen krakeligen Linien fragen sie oft selbst: »Was steht da?« Das heißt, sie entdecken – etwas zeitversetzt zum Schreiben – die Bedeutung des Lesens. Zeigt Ihr Kind am Ende des Kindergartenalters kein Interesse für das Lesen, dann braucht es Ihre Hilfe.

Leseübungen

Sie können gemeinsam mit Ihrem Kind z. B. einen Haushaltsplan mit Symbolen und Namen gestalten, in den eingetragen wird, wer von den anfallenden Hausarbeiten was übernimmt. Das Kind trägt damit in der Familie ebenfalls Verantwortung (Erziehung zur Selbstständigkeit). Auf dem Plan sieht es dann seinen Namen und dazu vielleicht ein Tier oder eine Blume mit gleichem Anlaut (für Tim ein Tiger, für Mona einen Mond). Die Hausarbeiten sind jeweils durch ein Symbol dargestellt und für das Kind erkennbar (also »lesbar«): Ein Besen z. B. erinnert an das Kehren der Küche.

Auch beim Lesenlernen zählt das Vorbild der Eltern: Kinder ahmen uns Erwachsene ja gerne und häufig nach. Sehen sie im Familienalltag ihre Eltern lesen und bemerken sie auch deren Freude daran, fördert das ihr Leseinteresse. Zeigen Sie Ihrem Kind, dass Ihnen Bücher wichtig sind und dass Sie ordentlich und vorsichtig mit ihnen umgehen. Kaputtgegangene Bücher können Sie gemeinsam mit dem Kind reparieren. Darüber hinaus sollte eine Auswahl an guten Büchern für das Kind in einem niedrigen Regal zugänglich sein.

Auch das Entdecken von Symbolen und Zahlen in der Stadt, in Geschäften usw. fördert das erste Lesen. Machen Sie Ihr Kind beim Stadtbummel auf einige (zunächst wenige) Symbole oder Zahlen aufmerksam, die allgegenwärtig sind, z. B. auf das Bushalteschild, das S der Sparkasse usw.

Benennen Sie den Anfangsbuchstaben Ihres eigenen Namens und suchen Sie weitere Wörter mit demselben Anlaut, z. B. in Zeitschriften. Am besten weisen Sie zu Anfang nur auf Buchstaben in Druckschrift hin, damit das Kind sie in einer Zeitung/Zeitschrift leichter wiedererkennen kann.

Oder Sie schneiden aus Karton große Druckbuchstaben aus und suchen Stofftiere oder Tierbilder zusammen, die für je einen anderen Anlaut stehen: einen Affen für das A, einen Bären für das B usw. Ordnen Sie mit Ihrem Kind den Buchstaben dem entsprechenden Tier zu. Die Geduld und Aufmerksamkeit des Kindes verkraften zu Beginn vermutlich nur ein paar Buchstaben, nicht gleich das ganze Alphabet.

Oder lesen Sie mit Ihrem Kind während der Autofahrt den ersten Buchstaben auf den Autokennzeichen.

Wählen Sie für Kinder mit vier bis fünf Jahren Bücher aus, in denen ein Gegenstand auf der einen Seite abgebildet ist und auf der gegenüberliegenden das ihm entsprechende Wort steht.

Sicher haben Sie weitere Ideen, mit Ihrem Kind sprachanregend durch die Welt zu gehen. Viel Spaß dabei!

Literaturhinweise

Brügge, Walburga/Mohs, Katharina: *Therapie der Sprachentwicklungsverzögerung. Eine Übungssammlung.* München/Basel: Ernst Reinhardt 2003.

Dannenbauer, Friedrich Michael: *Zur Praxis der entwicklungsproximalen Intervention.* In: H. Grimm und S. Weinert (Hrsg.): Intervention bei sprachgestörten Kindern. Voraussetzungen, Möglichkeiten und Grenzen. Stuttgart: Fischer 1994, S. 83–104.

Fischer, Reinhard (Hrsg.): *Sprache – Schlüssel zur Welt.* Band 1. Donauwörth: Auer 2005

Frischer, Catrin (Hrsg.): *Das Liederbuch.* Mit Bildern von Annette Swoboda. 12. Auflage. Frankfurt/Main: Fischer Schatzinsel 2006.

Gehirn & Geist, Nr. 6/2006, S. 49.

Gordon, Thomas: *Familienkonferenz. Die Lösung von Konflikten zwischen Eltern und Kind.* München: Heyne 1989.

Haug-Schnabel, Gabriele/Bensel, Joachim: *Grundlagen der Entwicklungspsychologie. Die ersten zehn Jahre.* Freiburg: Herder 2005.

Haug-Schnabel, Gabriele/Bensel, Joachim: *Vom Säugling zum Schulkind.* Ein Sonderheft der Zeitschrift ›kindergarten heute‹. Freiburg: Herder 2004.

Heap, Ruth (Hrsg.): *Wenn mein Kind stottert. Ein Ratgeber für Eltern.* Köln: Demosthenes 2000.

Hellrung, Uta: *Sprachentwicklung und Sprachförderung. Beobachten – verstehen – handeln.* Freiburg: Herder 2006.

Hermann-Röttgen, Marion: *Unser Kind spricht nicht richtig … Kindliche Sprachstörungen und ihre Ursachen. Wie man sie erkennt und was Sie dagegen tun können. Viele praktische Ratschläge und Spiel-Ideen zur Sprachförderung.* Stuttgart: Trias 1997.

Mehrsprachigkeit macht schlau. In: Gehirn & Geist, Nr. 6/2006, S. 54f.

Montanari, Elke: *Mit zwei Sprachen groß werden. Mehrsprachige Erziehung in Familie, Kindergarten und Schule.* München: Kösel 2005.

Pighin, Gerda/Sillaber, Margit: *Kinder lernen sprechen. Eine spielerische Sprachförderung.* München: Pattloch 1993.

Schäfer, Claudia: *Montessori für zu Hause.* München: Deutscher Taschenbuch Verlag 2002.

Schäfer, Claudia: *Kleinkinder fördern mit Maria Montessori.* Freiburg: Herder 2005.

Stengel, Ingeborg: *Sprachschwierigkeiten bei Kindern.* Stuttgart: Klett-Cotta 1988.

Wendlandt, Wolfgang: *Sprachstörungen im Kindesalter. Materialien zur Früherkennung und Beratung.* Stuttgart: Thieme 2000.

Weinrebe, Helge: *ABC – wohin ich seh. Wörter, Laute und Buchstaben entdecken.* Freiburg: Herder 2005.

Schule und Erziehung

Experten klären Ihre Fragen und helfen bei Problemen.

Christiane Alvarez
Hochbegabung: Tipps für den Umgang mit *fast* normalen Kindern
ISBN 978-3-423-**34404**-3

Barbara Friedrich
Trotzig, zornig, wütend
Umgang mit kindlichen Aggressionen
ISBN 978-3-423-**34260**-5

Roland Geisselhart
Cordula Kießling
Gute Noten mit legalen »Spickzetteln«
So lernen Kinder schneller und besser
ISBN 978-3-423-**34374**-9

Lisa Lindberg
Wenn ohne Joint nichts läuft
Was man über Cannabis wissen muss
ISBN 978-3-423-**34280**-3

Julia Rogge
Der Familienführerschein
ISBN 978-3-423-**34330**-5

Wolfgang Oelsner
Gerd Lehmkuhl
Schulangst erfolgreich begegnen
Ein Ratgeber für Eltern und Lehrer
ISBN 978-3-423-**34139**-4

Claudia Schäfer
Montessori in der Pubertät
Ein Elternratgeber
ISBN 978-3-423-**34195**-0

Horst Speichert
Richtig üben – effektiv lernen
Ratschläge für Eltern, Schüler und Lehrer
ISBN 978-3-423-**34210**-0

Petra Thorbrietz
Konzentration
Wie Eltern ihr Kind unterstützen können
ISBN 978-3-423-**34445**-6

Gerlinde Unverzagt
Benehmen macht Schule
Gute Gründe für gute Manieren
ISBN 978-3-423-**34155**-4

Johannes Wilkes
Der kleine Kindertherapeut
Erste Hilfe für Kinder in seelischen Nöten
ISBN 978-3-423-**34423**-4

Peer Wüschner
Pubertät
Das Überlebenstraining für Eltern
ISBN 978-3-423-**34182**-0

Katharina Zimmer
Widerstandsfähig und selbstbewußt
Kinder stark machen fürs Leben
ISBN 978-3-423-**34225**-4

... Eltern sein dagegen sehr

Erziehungsberater im dtv

Maria Montessori
Kinder sind anders
Übers. v. P. Eckstein und U. Weber
ISBN 978-3-423-**36047**-0

Gerlinde Ortner
Märchen, die Kindern helfen
Geschichten gegen Angst und Aggression, und was man beim Vorlesen wissen sollte
ISBN 978-3-423-**36107**-1

Neue Märchen, die Kindern helfen
Geschichten über Streit, Angst und Unsicherheit, und was Eltern darüber wissen sollten
ISBN 978-3-423-**36154**-5

Wolfgang Oelsner
Gerd Lehmkuhl
Schulangst erfolgreich begegnen
Ein Ratgeber für Eltern und Lehrer
ISBN 978-3-423-**34139**-4

Jirina Prekop
Christel Schweizer
Unruhige Kinder
Ein Ratgeber für beunruhigte Eltern
ISBN 978-3-4233-**36030**-2

Julia Rogge
Der Familienführerschein
ISBN 978-3-423-**34330**-5

Claudia Schäfer
Montessori in der Pubertät
Ein Elternratgeber
ISBN 978-3-423-**34195**-0

Hilfe, mein Kind spricht nicht richtig
Sprachförderung in der Familie
ISBN 978-3-423-**34419**-7

Manfred Spitzer
Vorsicht Bildschirm!
Elektronische Medien, Gehirnentwicklung, Gesundheit und Gesellschaft
ISBN 978-3-423-**34327**-5

Gerlinde Unverzagt
Benehmen macht Schule
Gute Gründe für gute Manieren
ISBN 978-3-423-**34155**-4

Wörterbuch Pädagogik
Von Horst Schaub und Karl G. Zenke
ISBN 978-3-423-**34346**-6

Peer Wüscher
Pubertät
Das Überlebenstraining für Eltern
ISBN 978-3-423-**34182**-0

Bitte besuchen Sie uns im Internet: www.dtv.de